Jules Leclercq

de Rio de Janeiro à Mycènes

AF591747

ÉDITIONS PIERRE ROGER PARIS

De Rio de Janeiro à Mycènes

8° G
11905

A LA MÊME LIBRAIRIE

COLLECTION " VOYAGES DE JADIS ET D'AUJOURD'HUI "

Voyage de Bougainville autour du monde pendant les années 1766, 1767, 1768 et 1769. Préface et notes de P. Deslandres. Un volume 14 × 19,5 avec planches hors texte.

Voyage du Capitaine Cook dans l'hémisphère austral (1772-1774). Un volume 14 × 19,5 avec planches et carte.

Voyage du P. Labat en Espagne (1705-1706). Notes de M. Hyrvoix de Landosle. Un volume 14 × 19,5 avec planches hors texte.

Dans les Sierras de Californie, par J. Gontard, agrégé de l'Université. Un volume 14 × 19,5 avec planches hors texte.

Autour du Continent latin avec le « Jules-Michelet », par le général Mangin. Un volume 14 × 19,5 avec planches hors texte et carte.

Mon séjour au Congo français, par Gabrielle M. Vassal. Un volume 14 × 19,5 avec planches hors texte.

Mon séjour au Tonkin et au Yunnan, par Gabrielle M. Vassal. Un vol. 14 × 19,5 avec planches hors texte et carte.

De Rio de Janeiro à Mycènes, par J. Leclercq. 1 vol. 14 × 19,5 avec planches hors texte et carte.

Sous le ciel de l'Inde, par Fia Öhman, traduit du suédois par P. Desfeuilles. Un volume 14 × 19,5 avec planches hors texte.

Aux chutes du Zambèze (du Cap au Katanga), par J. Leclercq. Un volume 14 × 19,5 avec planches hors texte.

A travers brousse et marais, par le marquis de Wavrin. Un volume 14 × 19,5 avec planches hors texte.

Un Miroir Chinois. A travers la Chine inconnue, par Florence Ayscough, traduit par M. Thiéry. Un volume 14 × 19,5 avec planches hors texte et carte.

Extrême-Asie (de Yokohama à Singapore), par F. Joüon des Longrais. Un volume 14 × 19,5 avec planches hors texte et carte.

“Voyages de jadis et d’aujourd’hui”

Jules LECLERCQ

DE RIO DE JANEIRO A MYCÈNES

L’Étoile du Sud. — Impressions d’Amérique. — L’Ile Palma. — La Route de l’Orient. — L’Orient : Priène, Éphèse, Olympie, Mycènes

HUIT PLANCHES HORS TEXTE

PARIS
ÉDITIONS PIERRE ROGER
54, RUE JACOB, 54

OUVRAGES DU MÊME AUTEUR

Chez Pierre Roger

Aux chutes du Zambèze. — Du Cap au Katanga.

Chez Plon

A travers l'Afrique australe (2e édition).
Au pays de Paul et Virginie. Couronné par l'Académie française (2e édition).
Voyage aux îles Fortunées (Canaries). Couronné par l'Académie française (2e édition).
Un séjour dans l'île de Java. Couronné par l'Académie française (3e édition).
Un séjour dans l'île de Ceylan (2e édition).
Du Caucase aux Monts Alaï.
La Terre de Glace (Islande).
Un été en Amérique.
Chez les Jaunes (Japon, Chine, Mandchourie).
Voyage à l'île Majorque.
Aux sources du Nil.
La Finlande aux mille lacs.

Chez Hachette

Voyage au Mexique.
La Terre des Merveilles.

Chez d'autres éditeurs

Promenade dans les Pyrénées.
Le Tyrol et le Pays des Dolomites.
Voyages dans le nord de l'Europe.
De Mogador à Biskra (Maroc et Algérie).
Le Caucase glacé.
Mythologie scandinave.
Histoire des Boers.

Poésies

Les Splendeurs des chemins. (Paris, Lemerre.)
La Fronde de David. (Paris, Perrin et Cie.)
Rimes héroïques. (Paris, Perrin et Cie.)

CHAPITRE PREMIER

L'Étoile du Sud

Il était deux heures du matin quand le navire qui m'amenait de France entra dans la baie de Rio, dont les eaux, le ciel et les montagnes et les mille enchantements ont été célébrés par tant de voyageurs illustres. L'arrivée dans la baie de Rio pendant la nuit offre un spectacle aussi merveilleux qu'inattendu. Tout le long du rivage, ce sont d'interminables lignes de lumières qui suivent les capricieuses sinuosités des criques et des promontoires, qui se réfléchissent et se dédoublent dans le tranquille miroir des eaux, qui escaladent les hauteurs voisines, qui scintillent au sommet des rochers et des montagnes, et qui vont rejoindre les étoiles du ciel. C'est un prestigieux conte des *Mille et une Nuits*, c'est un éblouissement fantastique. Dans le silence de la nuit, loin des bruits de la terre qui n'arrivent pas jusqu'au navire, cette prodigieuse illumination, vue à distance, semble n'être pas destinée à l'éclairage d'une ville, mais uniquement faite pour l'extase des yeux. La vision a je ne sais quoi d'irréel. Il semble qu'à chaque minute toute cette fantasmagorie va s'évanouir. Et cependant, chaque soir, Rio s'illumine ainsi, et la féerie dépasse en splendeur tout ce qu'inventa jamais l'imagination des Orientaux. On n'a pas l'idée de la lumière quand on n'a pas vu, la nuit, cette lumineuse baie de Rio. Pour éprouver une impression aussi inoubliable, ce n'est pas trop de franchir deux mille lieues de mer.

Le lendemain matin, quelle nouvelle surprise, quand on contemple le paysage à la lumière du jour! Nous sommes mouillés sur rade à un kilomètre de la ville, au milieu des bâtiments de toutes les nations. J'aperçois les clochers, les maisons, qui rappellent étrangement les maisons de Lisbonne, peintes des mêmes vives couleurs et s'étageant de même en amphithéâtre sur les hauteurs. Cette ville brésilienne se souvient de ses origines portugaises. Elle parle encore la langue de Camoëns, comme Buenos-Ayres parle encore celle de Cervantès. Et, vue de loin, on dirait la capitale lusitanienne transportée des rives du Tage sur celles de la « Rivière de Janvier ».

On sait que les premiers navigateurs qui pénétrèrent dans la baie crurent qu'ils avaient découvert une rivière ; et comme on était au mois de janvier, ils lui donnèrent le nom de *Rio de Janeiro* (Rivière de Janvier). Ce qu'ils prenaient pour l'embouchure d'un fleuve n'est en réalité qu'un immense lac marin émaillé d'une centaine d'îles et d'îlots, mesurant trente lieues de tour, mais ne recevant que d'insignifiantes rivières. Les Brésiliens prétendent que la forme de ce bassin est celle du Brésil même, et qu'on retrouve dans la carte de la baie de Rio à peu près les contours de la carte de l'immense république. On a observé que sa profondeur diminue constamment d'environ 4 mètres par siècle. Ainsi un temps viendra où la baie ne sera plus qu'une lagune impraticable aux vaisseaux de mer. Déjà aujourd'hui les plus grands transatlantiques ne peuvent pénétrer que dans les parties les plus profondes. En sorte que ce magnifique port naturel devra un jour être remplacé par un port artificiel. Le lac marin ne s'ouvre sur l'Océan que par une passe qui n'a que 900 mètres de large, resserrée qu'elle est entre de formidables masses rocheuses. Cet étroit goulet est défendu par des forts à coupole blindée qui font de Rio de Janeiro, située dans l'intérieur du bassin, sur la rive méridionale, la capitale la mieux gardée du Nouveau Monde.

Si pittoresque que soit la ville vue de la baie, ce qui frappe bien plus encore le nouvel arrivé, c'est l'étrange aspect du paysage. Il n'est pas de site au monde qui ait fait l'objet d'autant de descriptions enthousiastes. On se rappelle les dithyrambes que nous ont laissés Arago, Dumont d'Urville, Bougainville, l'abbé Raynal, Parny de Bonchamps, de Freycinet, de Saint-Hilaire, de Laplace, d'Orbigny, Du Petit Thouars, Mouchez, Agassiz, Darwin, de Neuwied, et tant d'autres. Mais quelle description peut donner l'idée de la baie de Rio ? Aucune, parce que le site est unique, extraordinaire, parce que les points de comparaison manquent absolument. Ce n'est ni la baie du Tage, ni la baie de Naples, ni le Bosphore, c'est la baie de Rio. Qu'on s'imagine une vallée dix fois plus vaste que les plus grands cirques de montagnes qu'offrent les Pyrénées, qu'on se figure cette vallée à demi submergée par les eaux de la mer, qu'on devine les cimes émergeant de cet immense bassin maritime, et l'on pourra se faire une conception vague des lignes du paysage. Mais ce qui manquera au tableau imaginé, c'est le vert plantureux de la végétation brésilienne, c'est l'azur des eaux, c'est la splendeur du ciel, c'est la forme des montagnes, ce sont les outrances et les violences des lignes et des couleurs.

Les montagnes de Rio ont une physionomie à part. Elles déroutent complètement le géologue. Agassiz s'y trompa à tel point qu'il fut d'abord tenté de les prendre pour des soulèvements volcaniques. Émoussées par une longue érosion, leurs formes de relief affectent des aspects tout à fait inattendus. La plus extravagante de ces montagnes est le Pain de Sucre (*Pão de Azucar*), dont le nom peint bien la chose : c'est un énorme cône de granit, qui se dresse tout d'un bloc, placé en sentinelle à l'entrée de la baie, et qui semble absolument inaccessible. Placée là tout exprès pour servir de phare aux navigateurs, elle est si bizarre, si paradoxale, si invraisemblable, qu'une fois que l'a perçue la rétine, elle la garde à jamais. Non moins étrange est la forme du *Corcovado* (le Bossu), dont l'aiguille vertigineuse domine Rio de plus de 700 mètres. Plus haut encore se dresse à plus de 1 000 mètres d'altitude la *Tijuca*, dont les pentes boisées rejoignent la longue chaîne des Orgues (*Orgãos*), ainsi nommée à cause de ses murailles et de ses aiguilles verticales, qui ressemblent à de gigantesques jeux d'orgue. Pour désigner leurs montagnes, les Brésiliens ont dans leur langue poétique évoqué des images singulièrement expressives. Ce prodigieux amoncellement de rochers et de montagnes donne au paysage de Rio l'aspect le plus fantastique ; mais j'ose le dire, au risque de choquer les idées préconçues que suggèrent les descriptions enthousiastes des voyageurs célèbres de l'école de Chateaubriand, ces montagnes et ces rochers étonnent plus qu'ils ne charment : leurs lignes heurtées, chaotiques, souvent grotesques, n'ont point la grâce des paysages des lacs italiens, et le moindre coin du lac de Côme ou du lac de Garde offre infiniment plus de séductions. La baie de Rio n'a pas non plus les perspectives grandioses du lac de Genève, cette Méditerranée en miniature que dominent les géants des Alpes.

Se figure-t-on que débarquer à Rio est infiniment plus compliqué que de débarquer à New-York ? Il est rigoureusement interdit au passager de charger ses malles dans une chaloupe. Les agents de la douane exercent à bord une sévère surveillance et ne permettent d'emporter que les petites valises. Les gros bagages seront enlevés plus tard et déposés à la douane jusqu'au lendemain, ou, si l'on arrive un samedi, comme ce fut notre cas, jusqu'au surlendemain. Le Brésilien se souvient de ses origines ibériques : comme le Portugais, comme l'Espagnol, il ne fait jamais aujourd'hui ce qu'il peut faire demain, *mañana*. Nous sommes dans un des heureux pays où fleurit le *mañanisme*. Quand je me suis rendu à la douane, il m'a fallu près de deux heures pour retrouver mon bien au milieu d'un effroyable amoncellement de malles de toutes formes.

On m'avait recommandé de ne pas descendre dans un des hôtels de la ville. Ce n'est pas qu'il faille y craindre encore la fièvre jaune, qui autrefois y régnait en permanence : le fléau a disparu complètement depuis que les Brésiliens ont appliqué à Rio les énergiques mesures sanitaires que les Américains du Nord ont prises à La Havane. Mais la chaleur moite de la côte tropicale de l'Atlantique fait de Rio une étuve qui vous met dans une perpétuelle transpiration. Je me suis donc installé dans un hôtel situé à une lieue de la ville, sur les hauteurs salubres de Santa Theresa, au milieu d'un site merveilleux, et à une altitude telle que les soirées y sont délicieusement fraîches. Les prix y sont en rapport avec l'élévation du lieu, mais on y jouit du calme de la montagne et de la poésie de la forêt. De tous les hôtels que j'ai expérimentés dans les cinq parties du monde, il n'en est qu'un seul qui soit aussi admirablement situé : c'est l'hôtel de Belle-Vue à Buitenzorg, dans l'île adorable de Java, où la végétation est encore autrement puissante ; mais ici, il y a plus d'étendue et plus de variété dans la toile circulaire de l'horizon vu d'un belvédère situé à 200 mètres plus haut, et d'où l'on jouit d'un incomparable panorama. J'aime à y monter le soir pour contempler les plus beaux couchers de soleil du monde et pour rassasier mes yeux de la splendide illumination de Rio, un de ces spectacles dont on ne se lasse point. L'hôtel est un peu loin de la ville, mais il suffit d'une demi-heure pour s'y rendre en tramway électrique. Le voyage est si merveilleux qu'il ne semble jamais long. A peine a-t-on quitté l'embarcadère du Largo de Carioca qu'on s'engage sur un pont effrayant, large d'un mètre à peine, long de 300 mètres, qui traverse, à une hauteur donnant le vertige, un quartier populaire où l'on voit le linge sécher dans les cours. Ce pont, vieux de deux siècles, est l'ancien viaduc construit par les Portugais qui fit l'admiration de tous les voyageurs des temps passés ; mais comme il est fort dégradé, on tremble toujours, en le traversant, qu'il ne s'écroule soudain, ce qui ne peut manquer d'arriver un jour. Je n'étais rassuré que lorsque nous nous retrouvions sur le terrain ferme, où la voie entreprend une ascension hardie et fantastique, à travers de plantureuses végétations tropicales — palmiers gracieux, bambous légers et mille arbres inconnus qui donnent un avant-goût de la forêt brésilienne — et entre lesquelles s'ouvrent des échappées magnifiques sur les lointains de la baie. Au milieu de cet adorable jardin de verdure sont disséminées de blanches villas dont beaucoup sont occupées par les représentants des nations étrangères. Leur architecture en pâtisserie Louis XV est fort amusante. Cette ascension en tramway électrique n'est pas faite pour les estomacs délicats : la pente est si rapide, les courbes si brusques, que les infortunés voyageurs sont projetés dans tous les sens et se livrent malgré eux aux contorsions les plus comiques et les plus imprévues. Et les dames de pousser un soupir de satisfaction au bout de cet émouvant voyage.

Comment décrire Rio ? Le sujet est de ceux qu'on ne sait par où aborder. Cette ville est si loin de l'Europe qu'on ne soupçonne pas les progrès qu'elle a réalisés depuis le temps où Dumont d'Urville ne lui donnait que 140 000 habitants. Depuis quelques années, une nouvelle ville s'est élevée sur les décombres de l'ancienne, et cette œuvre fait l'étonnement de tous les voyageurs qui ont connu Rio avant sa transformation. Cette métamorphose accomplie en si peu de temps tient du prodige, et l'on ne trouverait même pas un pareil record chez les Américains du Nord, au pays de la vie intense. Aujourd'hui, Rio est peuplée d'un million d'âmes. Sa superficie dépasse de plus du double celle de Paris, et elle compte un plus grand nombre de maisons. New-York même n'atteint pas sa superficie totale. Rio offre cet avantage sur les autres capitales du monde que, distribuée sur une énorme étendue, sa population respire à l'aise. On a calculé qu'elle est cinquante fois moins dense que celle de Paris, vingt fois moins que celle de Londres, deux fois moins que celle de Buenos-Ayres. Elle a

Rio. — Rua Paisandu.

Rio. — Jardin botanique.

des parcs immenses, des jardins sans nombre, des rivières partout; elle a des montagnes et des forêts, et de vastes réservoirs d'air pur, qui réduisent à un chiffre insignifiant le coefficient de la mortalité due à un air confiné.

Comment décrire Rio ? Quand j'y songe, il me revient ce mot d'un diplomate grincheux qui a dit de Rio : « Tout ce que Dieu y a créé est adorable, tout ce que l'homme y a fait est odieux. » Le mot est bien un peu forcé. Il faut être juste! Quelle ville au monde pourrait lutter avec la splendeur de la baie de Rio ? Transportez ici, des rives du Tage ou du Guadalquivir, Lisbonne ou Séville, et elles feront pauvre figure au bord de cette baie d'un bleu turquoise, sur cette plage éblouissante de soleil, au pied de ces monts que revêt la luxuriante verdure de la forêt brésilienne. Est-il possible à l'homme de faire une capitale digne d'un pareil site ? Les Brésiliens l'ont compris. Que leur importe l'œuvre des hommes ? La beauté de la nature leur suffit. Si les Anglo-Saxons d'Europe ou d'Amérique avaient eu un pareil site pour y construire New-York ou Londres, ils auraient abîmé le site comme ils ont fait au Niagara et au Zambèze. Il faut rendre cette justice aux Brésiliens qu'ils ont su, tout en respectant la nature, faire tout ce qu'il fallait pour détruire la fâcheuse réputation d'insalubrité de la ville, et qu'ils y ont réussi.

Ce fut le docteur Rodriguez Alvez, élu président de la République le 15 novembre 1902, qui, le premier, résolut d'exécuter les plans de transformation et d'assainissement, depuis longtemps conçus, mais toujours ajournés. Autorisé par un vote du Congrès fédéral, il commença par négocier à Londres un emprunt de quelques millions de livres sterling pour le travail urgent de l'amélioration du port. Puis, en vue des travaux de transformation de la ville, il nomma préfet de Rio le docteur Francisco Pereira Passos, homme énergique qui reçut pleins pouvoirs et fut autorisé à contracter à son tour un emprunt de plusieurs millions de livres sterling. Enfin, il confia les travaux d'assainissement au docteur Oswald Cruz, élève de l'Institut Pasteur de Paris.

Ce gigantesque programme fut poursuivi avec une obstination et une rapidité telles qu'en moins de trois ans une nouvelle ville avait surgi de terre. Dès le 1er mai 1905, on inaugurait la muraille du quai du port. De nouvelles artères étaient percées, d'étroites ruelles se transformaient en larges rues, des jardins publics étaient créés, des quais étaient conquis sur la mer, des quartiers entiers étaient rasés. Rio subissait de si profondes transformations que sa physionomie changeait pour ainsi dire de jour en jour, et qu'on ne retrouvait plus le lendemain des rues mentionnées la veille sur le plan de la ville. Quoique les travaux ne soient pas encore complètement achevés, le vieux Rio n'est déjà plus qu'un lointain souvenir. Et ce prodigieux changement tient du conte de fée pour qui se rappelle les descriptions des voyageurs assez proches de nous qui signalaient la négligence et l'incurie des habitants, les rues étroites avec leurs rigoles où s'accumulaient les impuretés de toute espèce, l'absence d'égouts d'aucune sorte, l'aspect de délabrement général, et enfin la fièvre jaune, qui régnait en permanence à cause de l'inertie de la population, de l'indolence des autorités, et de l'extrême humidité du climat.

Depuis le milieu du dix-neuvième siècle, le fléau de la fièvre jaune visitait périodiquement la ville et y faisait d'innombrables victimes. Le premier cas authentique fut constaté en 1849. On prétend qu'il fut importé de Bahia, où il avait été introduit par un navire venant de la Nouvelle-

Orléans. Résolus à en finir avec ce terrible ennemi, les Brésiliens prirent les mêmes mesures énergiques que les Américains avaient appliquées, avec tant de succès, à La Havane. Des légions de médecins attachés au service sanitaire s'en allèrent visiter les 85 000 maisons de la ville, inspectant les constructions nouvelles, désinfectant les taudis, imposant partout l'application du code sanitaire, et substituant à une incurie invétérée les préceptes les plus rigoureux. Ils enrôlèrent une brigade de 1 500 hommes, dont la mission était de faire la guerre au terrible moustique de la fièvre jaune, le *Stegomyia fasciata*. Et la guerre fut sans merci. Sous le commandement en chef du docteur Carneiro de Mendonça, dont le nom vivra à jamais dans la mémoire du peuple brésilien, ils allaient de quartier en quartier, traitant au pétrole et asséchant toutes les mares, les ruisseaux, les vases, visitant jusqu'aux égouts qui pouvaient contenir des larves du redoutable moustique. Quant aux malades atteints de fièvre jaune, on les isolait et on fumiguait leurs maisons. Il y eut bien quelques protestations au nom des droits de l'homme, au nom de l'inviolabilité du domicile, mais la victoire finale fit taire les protestataires.

Depuis plusieurs années, on n'a plus constaté un seul cas de fièvre jaune à Rio. Un des plus remarquables orateurs du Congrès en fut la dernière victime. Il faillit en mourir. Le pays entier s'émut d'un fléau qui avait osé s'attaquer à un de ses hommes les plus en vue. Ce qu'il y a de piquant, c'est que je tiens le fait de sa propre bouche : « La leçon, me disait-il, ne fut pas perdue, et aujourd'hui Rio est devenue, grâce à moi, la ville la plus salubre des tropiques. »

Lorsque Louis Agassiz visitait Rio, il y trouva une de ces vieilles villes portugaises, aux rues étroites, aux maisons multicolores garnies de leurs lourds balcons, aux façades plaquées de faïences, et le savant naturaliste ne résistait pas à la fascination de tout ce pittoresque. Aujourd'hui, une grande déception attend le voyageur en quête de couleur locale. Il n'y a plus de vieilles demeures évoquant l'époque de la conquête portugaise, et les églises mêmes sont, excepté Notre-Dame de Candellaria, sans aucune apparence extérieure. L'homme n'est pour rien dans le charme de Rio. Il n'a su rien ajouter aux merveilles du plus beau ciel, des plus belles eaux, du plus beau sol qui soit au monde, suivant l'expression de Dumont d'Urville.

A l'exception des vieilles rues du port qui ont gardé leur aspect d'autrefois, Rio est, au grand désespoir des poètes et des artistes, une ville toute moderne. Elle serait d'une lamentable banalité si, au bout de chaque rue, n'éclatait le bleu étincelant de la mer ou la luxuriante verdure de la forêt. La ville regarde d'un côté la baie, de l'autre la montagne, et c'est là ce qui lui donne tout son charme. Je sais qu'il est d'autres villes d'Amérique qui doivent beaucoup d'attrait à leur topographie. A Mexico, par exemple, ou à Santiago du Chili, chaque rue s'ouvre de même sur un admirable horizon de montagnes, mais les montagnes y sont fort éloignées de la ville, tandis qu'à Rio elles sont pour ainsi dire dans la ville même, et c'est au milieu des agglomérations que leurs dernières pentes viennent mourir dans la baie. Ces contreforts, entre lesquels s'ouvrent des criques qui sont comme autant de baies en miniature dans l'immense baie de Rio, découpent le rivage d'une façon extrêmement compliquée, comme si un géant s'était amusé à le tailler au ciseau. Rio se développe tout le long de ces criques, sur une étendue de près de deux lieues, et elle occupe, avec ses faubourgs, qui débordent de toutes parts, chacune des vallées qui descendent des montagnes vers la mer. La ville, avec son million d'âmes, est ainsi divisée en différentes sections par les promontoires entre lesquels s'ouvrent de ravissantes baies, telles que la baie de Botafogo qui forme une courbe si gracieuse. Vue du haut des montagnes, Rio semble ainsi former plusieurs villes qui ont poussé à la diable, séparées les unes des autres par des hauteurs boisées. Une longue suite d'avenues, la plupart bordées de sveltes palmiers, court le long du littoral, reliant entre elles ces différentes agglomérations qui, tantôt sont éparpillées dans la plaine, tantôt étouffent dans l'étroit espace compris entre le rivage et la montagne, tantôt escaladent les hauteurs où leur blancheur tranche sur le vert sombre des bois et montent jusqu'au bord de la forêt tropicale qui donne tant de charme au paysage.

Parmi les avenues qui côtoyent la baie, il en est une offrant des perspectives de rêve : c'est l'*Avenida Beira Mar*, qui s'étend sur une longueur de plus de 5 kilomètres, depuis l'obélisque qui termine l'*Avenida Central* jusqu'à la plage de Botafogo. Cette merveilleuse avenue a été tracée tout entière sur des terres arrachées à la mer, grâce à l'énergie du docteur Pereira Passos qui exerçait la préfecture en 1905. De la balustrade qui la borde sur toute sa longueur, on contemple l'incomparable baie dont les eaux tranquilles et bleues rèflètent le Pain de Sucre et semblent comme un miroir enchâssé dans un cadre gigantesque de verdure. Le quai qui longe la plage de Botafogo, conquis sur la mer, et qui décrit la plus gracieuse des courbes, est une promenade qui n'a peut-être pas sa pareille au monde. L'*Avenida Beira Mar* contraste heureusement par la splendeur de ses perspectives et le recueillement de ses ombrages avec la bruyante *Avenida Central*, la principale artère de Rio, qui fait l'orgueil des Brésiliens, avec ses façades d'une architecture bizarre, où les fautes de goût sont rachetées par la beauté du décor et par le soleil qui fait flamber les ors et les marbres. De somptueux édifices bordent cette avenue longue de 2 kilomètres et qui va de l'un à l'autre bras de mer : c'est le palais du gouverneur et celui du cardinal, c'est le palais Monroe, c'est le théâtre municipal, réduction de l'Opéra de Paris, c'est la Bibliothèque nationale, c'est le *Jornal do Commercio* avec sa tour de Babel, et puis encore des constructions qui, par leur grand nombre d'étages, luttent avec les gratte-ciel de New-York. Cette large artère a remplacé un inextricable fouillis de rues et de ruelles qui hier encore constituaient le plus magnifique nid de culture pour la fièvre jaune. Avant de les abattre, il fallait les exproprier. Les mauvaises langues racontent à ce sujet une savoureuse histoire, mais j'aime mieux croire que c'est une légende. Et je la donne sous bénéfice d'inventaire. Cette légende dit que les propriétaires furent invités à donner une évaluation pour servir de base à l'impôt. Comme il était à prévoir, ils évaluèrent très bas. En se basant sur les propres déclarations des intéressés, on put exproprier les immeubles à des prix extrêmement avantageux, qui facilitèrent le grand chambardement de Rio. Il règne, dans cette Avenida, un mouvement de piétons et d'automobiles dont la vertigineuse Broadway de New-York peut seule donner l'idée. C'est à l'Avenida qu'aboutit la fameuse rue d'Ouvidor, dont parlent toutes les anciennes descriptions des voyageurs. Cette rue, un des rares vestiges du vieux Rio, est aussi étroite que la « Calle de las Sierpes » que connaissent ceux qui ont été à Séville : elle n'admet, comme celle-ci, que les piétons, car l'espace y manque pour la circulation des voitures; mais là cesse la ressemblance, car, au point de vue du pittoresque, la rue d'Ouvidor n'a pas la moindre couleur locale : c'est une succession de magasins à l'européenne, tenus pour la plupart par des Français, et où se vendent les articles de Paris à des prix américains. Mais les promeneurs s'y pressent et s'y bousculent à toute heure du jour et de la nuit. Et Rio sans la rue d'Ouvidor ne serait plus Rio.

A la bruyante animation de la ville moderne, je préfère le charme tranquille de l'*Avenida do Mangue*, qui remplace un vaste marécage couvert de mangues. Avec ses quatre merveilleuses lignes de palmiers entre lesquelles court un canal, c'est un morceau de ville hollandaise transporté sous le tropique. Cette avenue asphaltée est belle comme un rêve, et le calme qui y règne contraste avec le vertigineux mouvement de l'*Avenida Central*. Dans le paisible canal les palmiers se réflètent comme dans un miroir. Autrefois, au temps de la fièvre jaune, ce canal *do Mangue* était un sinistre foyer de pestilence. Lors des gigantesques travaux qui ont modernisé Rio, on l'a assaini en le mettant en communication avec la mer qui y entre à marée haute et qui en purifie la vase.

La démolition des vieilles rues, le percement de

rues modernes ont fait de Rio une magnifique capitale. Mais sous ces dehors brillants, que de ruines! Les dépenses qu'ont nécessitées ces grands travaux ont provoqué une crise financière. On a trop dépensé, et l'excès de luxe a engendré le malaise. Jamais on n'a vu tomber aussi bas la pièce de mille reis, qui vaut au pair fr. 2,83, et qui est descendue à fr. 1,62. Rio est devenue la ville de la vie chère. Pour le chiffre de sa population, elle s'est laissé distancer depuis quelques années par Buenos-Ayres, mais elle la distance pour la cherté de la vie. Une note d'hôtel se compte par des centaines de mille reis. Car, dans cet Eldorado, tout se compte par mille reis. Une bouteille de bière, 1500 reis; une bouteille d'eau minérale, 3000 reis; une bouteille de vin, 5000 reis; un chapeau-boule, 25000 reis. Dans cette bizarre monnaie, tout se compte ainsi par milliers d'unités, et le nouvel arrivé doit s'habituer à faire la réduction. L'unité est d'ailleurs fictive. La plus petite pièce de monnaie, celle de 10 reis, offre cette particularité que je ne l'ai jamais vue; celle de 20 reis, presque aussi rare, correspond à peine à un sou de notre monnaie. Il n'y a guère de dépense au-dessous d'une pièce de 200 reis, valeur d'un billet de tramway ou d'un cigare. Cette cherté de la vie n'a pas seulement pour cause les lourds impôts qui doivent couvrir les dépenses, mais aussi les onéreux frais de transport et surtout l'élévation des droits d'entrée. Le Brésil, pays agricole, a peu d'industries à protéger, mais il n'en prélève pas moins d'énormes droits d'entrée qui sont une de ses principales ressources. Et il y a même des droits de sortie prélevés sur quiconque quitte le territoire de la République. Quand le voyageur, la bourse allégée, dit adieu à ce pays de la vie chère, ce n'est qu'après avoir acquitté, en sus du prix de son billet de passage pour l'Europe, 28000 reis à titre d'impôt. Cet impôt et les difficultés que suscite le débarquement à Rio ont de quoi surprendre l'étranger ; mais ce qui est plus étonnant encore, c'est que les Brésiliens ne font rien pour attirer chez eux le visiteur. Comme je projetais un voyage dans l'intérieur du Brésil, je voulus me renseigner sur les choses à voir et sur les moyens de communication ; n'ayant pu me documenter à cet égard en Europe, je m'imaginais que rien ne me serait plus facile que de le faire sur place : or, je ne pus obtenir la moindre information. Rio ignore le Brésil, et n'a pas même l'idée que les villes de l'intérieur puissent attirer l'étranger. A l'hôtel, nul ne peut me donner la moindre indication sur les excursions à faire, sur les gares, sur les heures des trains. Chez les libraires de la rue d'Ouvidor, je ne trouve ni un guide du voyageur au Brésil, ni une carte du réseau des voies ferrées, ni même un horaire général des chemins de fer de la République. On m'en donne cette singulière raison que les voyages en chemin de fer au Brésil sont si désagréables, que les Brésiliens ne voyagent point par terre ; lorsqu'ils veulent se rendre à Saint-Paul ou à Curityba, ils font le trajet, pour la plus grande partie, par mer. J'appris qu'un journal de Rio, *l'Étoile du Sud*, avait publié il y a quelques années un guide pour la seule ville de Rio, mais que le volume était épuisé et qu'il n'en avait pas été fait de nouvelle édition parce que le plan de Rio, auquel le guide devait toute sa valeur, avait été saisi en vertu d'un prétendu monopole. J'appris aussi qu'une petite agence de voyages avait existé quelque temps à Rio, mais qu'elle avait fait faillite. Pourquoi Rio se laisse-t-elle distancer par son entreprenante rivale Buenos-Ayres, qui a fait des offres séduisantes à M. Huret, et qui, avec un sens pratique, a compris qu'il n'est rien de mieux qu'une banale agence

Cook pour attirer l'étranger ? Et ainsi *l'Étoile du Sud* est délaissée au profit de Buenos-Ayres qui n'a de séduisant qu'un nom retentissant.

Si les Brésiliens ne font rien pour faciliter à l'étranger les voyages dans l'intérieur de leur pays, il faut leur rendre cette justice qu'ils ont tout fait pour mettre à sa portée les merveilleuses montagnes qui dominent Rio. Ils ont même réussi à rendre accessible la cime autrefois inaccessible du Pain de Sucre, au moyen du plus audacieux des chemins de fer aériens, qui fut inauguré au commencement de l'année 1913.

Rio, qui mérite bien le titre de ville des distances magnifiques, puisqu'elle est la plus étendue des capitales du monde, a un admirable réseau de lignes de tramways électriques. Le moindre trajet comporte un certain nombre de kilomètres. Tous ces trajets se font en *bond*. Comme une course en automobile coûte des milliers et des milliers de reis, les petites bourses préfèrent recourir au bond. Au Brésil, on désigne sous ce nom les tramways depuis qu'une compagnie anglaise de tramways émit un jour des obligations (*bonds*). Le nom des obligations fut appliqué au matériel roulant, et voilà pourquoi, dans toutes les villes brésiliennes, monter en tramway se dit « prendre le bond ». Rio est la ville du monde où le service de tramways est le plus intense : la circulation y a lieu toute la nuit. Les bonds, qui méritent leur nom puisqu'ils sont toujours bondés, doivent faire d'excellentes affaires : du Largo de Carioca à mon hôtel, le prix du billet est de mille reis, et une simple valise paye le même prix. Rien qu'en tramway, un habitant de Rio dépense Dieu sait combien de milliers de reis. Les bonds, dans ce pays tropical, sont des voitures ouvertes à tous les vents. Quand il pleut, et à Rio les averses sont formidables, on rabat des toiles goudronnées, ce qui n'empêche pas le déluge d'inonder les voyageurs. L'eau entre à flots par les interstices entre les toiles. Ce sont des nègres qui font le service de conducteurs et de receveurs. A Rio on compte un noir sur deux blancs. Il n'y a pas, au Brésil, le préjugé de couleur qui règne chez les Américains du Nord. Tandis qu'à New-York les noirs sont relégués dans des voitures spéciales, à Rio ils montent en bond avec les blancs. Les femmes de la plus haute société n'ont aucune répugnance à s'asseoir à côté d'une pauvre négresse, peut-être une ancienne esclave. On voit aussi, en bond, des mulâtres habillés comme les blancs, à la moustache soignée, correctement coiffés d'un haut de forme de 20 000 reis. Et puis encore ce sont de jolis minois de femmes créoles, petites poupées aux yeux d'oiseau de paradis, aux cheveux d'ouistiti, avec des sourcils qui se rejoignent et ne forment qu'une seule ligne noire.

Les bonds ne sont pas les seuls moyens de communication qu'offre la capitale brésilienne. La baie de Rio est sillonnée d'une multitude de bateaux à aubes qui voguent d'une anse à l'autre. Ce sont des bateaux à fond plat, mus par des machines à balancier comme les ferry-boats de la baie de New-York.

Ils vont et viennent nuit et jour entre la capitale et Nictheroy. Rien de plus enchanteur que cette traversée d'une demi-heure au milieu du ravissant paysage de la baie que domine à droite la masse formidable du Pain de Sucre, tandis qu'à gauche se dressent le Corcovado, la Tijuca, et dans un lointain vaporeux les cimes découpées de la chaîne des Orgues. On salue en passant les bâtiments de guerre de la flotte brésilienne qui mouillent dans la baie, dans cette baie toujours calme et souriante, où tout parle de paix et d'amour. Sur le pont, surtout au clair de lune, on ne voit que

Environs de Rio. — **Le Corcorado.**

Rio. — **La baie et le Pain de Sucre.**

groupes d'amoureux contemplant la beauté des nuits brésiliennes.

On sait que Rio de Janeiro est la capitale fédérale des États-Unis brésiliens. Ce qu'on sait moins, c'est que l'État de Rio de Janeiro a pour capitale Nictheroy, nom indien que les Brésiliens prononcent délicieusement Niteroï. Cette coquette petite ville, humble et modeste, fait face de l'autre côté de la baie à son orgueilleuse voisine. Elle n'a d'ailleurs que le charme de sa situation et de ses environs qui sont d'une beauté enchanteresse. Il y a surtout, à une demi-lieue de la ville, l'anse ravissante qui a gardé son nom indien d'Icarahy, et qui passe pour le plus beau coin de la baie de Rio. Je n'ai vu nulle part de plage plus idyllique, sauf peut-être dans l'île qu'a chantée Bernardin. Au milieu de la berge émerge une roche bizarre qui affecte la forme d'une tête de géant, connue sous le nom de « Pierra Icarahy ».

Rio est dans l'hémisphère austral. En quittant l'été d'Europe, j'ai donc trouvé ici l'hiver. Mais l'hiver de Rio, c'est encore l'été d'Europe. Dans ce climat tropical, la température hivernale est la même que chez nous à l'époque des canicules, et je me demande ce que doit être le soleil torride de l'été brésilien. Même en hiver, la chaleur, sans être intolérable, vous fait transpirer à la moindre marche, car c'est la chaleur humide et énervante du tropique dans le voisinage de la mer. Pour trouver un air plus sec et plus vivifiant, il faut monter sur les hauteurs de Santa Theresa, ou mieux encore dans la vallée de Petropolis, à 60 kilomètres de Rio. Cette ancienne colonie allemande, fondée sur les pentes de la chaîne des Orgues, doit à la salubrité de son climat d'être une station à la mode. Les moustiques ne dépassent pas l'altitude de 700 mètres. Et comme Pétropolis se trouve à 800 mètres, elle se moque des moustiques et n'a jamais connu la fièvre jaune. Voilà pourquoi, à l'exemple de l'empereur don Pedro qui en faisait sa résidence d'été, les gens aisés de Rio s'y réfugient pendant les grandes chaleurs.

Depuis que Rio a été transformée et assainie, le besoin d'une villégiature d'été n'est plus aussi impérieux, mais Pétropolis est toujours recherchée par les désœuvrés en quête d'un climat de montagne moins débilitant que celui du littoral. Autrefois c'était un voyage assez compliqué ; il fallait traverser la baie en bateau et débarquer sur un point où l'on prenait la voie ferrée. Aujourd'hui, les trains du Leopoldina Railway appartenant à une société anglaise partent de la ville même et vous transportent à destination en moins de deux heures. On part de la gare Praya Formosa (Belle Plage) à laquelle mène l'avenue du Mangue aux admirables palmiers. Le train, composé de voitures anglaises bien aérées, à couloir central, court pendant les trente premiers kilomètres sur une voie étroite, à travers le sol bas et marécageux qui s'étend le long de la baie. Partout des fourrés impénétrables et des roseaux serrés d'où émerge, çà et là, un palmier solitaire. A l'horizon se découpent les cimes dentelées de la Sierra des Orgues. Les stations portent de savoureux noms indiens : Merity, Sarapuly, etc. L'arrivée au pied de la sierra nécessite une manœuvre de quelques minutes. La locomotive est dételée, et une machine spéciale vient se mettre à l'arrière du train, car la pente est si forte, qu'il a fallu construire un chemin de fer à crémaillère comme on en voit dans les montagnes de la Suisse. Pendant cette lente ascension, on jouit à chaque échappée d'un panorama grandiose sur la baie de Rio et les montagnes qui l'encadrent. Le chemin de fer franchit la sierra à son point le plus bas et descend ensuite en pente douce vers Pétropolis. Cette chaîne des Orgues, de formation granitique, fait partie de la chaîne côtière connue sous le nom de *Serra do Mar*, et s'élève à plus de 2 000 mètres au-dessus du niveau de la mer. Entre ses pics élevés qui limitent si noblement l'horizon de Rio s'ouvrent des ravins pittoresques envahis par une luxuriante végétation de forêts tropicales qui offrent au botaniste un magnifique champ d'exploration.

Pétropolis est une jolie petite ville qui s'étend sur un espace d'une demi-lieue, au fond d'une étroite vallée parcourue par une petite rivière sur les bords de laquelle s'alignent de coquettes villas et des cottages. De distance en distance, des ponts pittoresques franchissent la rivière. Les rues, bien plantées et bien ombragées, sont bordées de magasins comme on en voit dans les villes d'eaux. On pourrait se croire dans une villégiature des Pyrénées, à Luchon ou à Bagnères, n'était que les arbres des tropiques y prospèrent à côté de ceux d'Europe : des pommiers, des pêchers s'épanouissent près des palmiers et des bananiers, et de magnifiques agaves voisinent avee des rosiers, des camélias, et toute la flore de nos climats. Comme nous sommes en hiver, beaucoup d'arbres ont perdu leur feuillage.

On est surpris de voir, à côté des plantes et des arbustes du pays, des produits de l'Océanie, tels que le flamboyant et le colonnaire.

A huit kilomètres de Pétropolis se trouve une chute d'eau servant de force motrice à deux filatures, et connue sous le nom de *Cascatinha*. C'est la promenade traditionnelle des résidants. On la fait en voiture ou en tramway électrique. Mais rien ne vaut le charme de la faire à pied. On passe devant l'ancienne résidence de don Pedro, maison fort simple entourée de magnifiques jardins. Çà et là se détache de la route un sentier qui monte vers les hauteurs, et qui nous donne envie d'explorer des vallées et des montagnes dont la végétation offre infiniment plus de variété que celle de nos climats tempérés. Mais, pour le piéton isolé, cette exploration n'est possible que là où le sentier ne se perd pas dans les fourrés, car ce n'est qu'à l'aide du *machete* qu'on peut s'ouvrir un chemin à travers le fouillis de plantes grimpantes des forêts brésiliennes.

Quoique Rio soit aujourd'hui une charmante station d'hiver, on est heureux d'échapper à la chaleur étouffante qui y règne dans l'après-midi. Rien de plus agréable que de prendre un des bonds bien aérés qui conduisent au Jardin botanique, à 10 kilomètres de Rio. A peine a-t-on quitté la ville qu'une délicieuse brise de mer vient raffraîchir l'atmosphère. Nous voici dans le *rus in urbe*. De tous côtés surgissent de ravissantes maisons de plaisance, au milieu de jardins de rêve où croissent les arbres aux grandes feuilles d'un vert profond et luisant. Ces habitations, généralement sans étage, sont peintes des couleurs les plus éclatantes, qu'accentuent encore la vive lumière et les ombres profondes dont elle sont entourées. C'est là la vraie splendeur de Rio, et il ne faut pas en demander d'autre à une ville qui n'a ni d'antiques demeures coloniales, ni de vieilles églises, ni des monuments d'une civilisation disparue comme en possèdent Mexico ou Lima.

Quand on arrive à l'entrée du Jardin botanique et qu'on s'engage dans la célèbre avenue que la photographie a vulgarisée, on a beau être prévenu, l'admiration vous cloue sur place. Imaginez deux colonnades parallèles d'une envolée superbe, plus sveltes, plus hautes, plus élancées que la colonnade du Parthénon, et offrant une perspective à perte de vue, car cette magnifique avenue n'a guère moins d'un kilomètre de développement.

Ces merveilleuses colonnes sont des palmiers royaux. Leurs fûts blancs et polis, se terminant par une tige d'un vert clair, lisse et brillant, sont surmontés, en manière de chapiteaux, d'un gracieux panache de palmes qui s'élancent d'un arbre à l'autre et forment, à cent pieds de haut, une voûte de verdure d'une beauté incomparable. Cette gigantesque cathédrale naturelle provient tout entière d'un arbre qui porte à 35 mètres de hauteur son splendide éventail de palmes. C'est un *Oreodoxia Regia* planté en 1809 par don Jean VII lui-même. Il fut apporté de l'île de France par l'amiral portugais Luis de Abreu. C'est le *Palma mater*. Lorsque ces arbres sont jeunes, ils se renflent à la base ; mais en grandissant ils montent comme des fûts de granit et se prêtent admirablement à l'ornement des avenues et aux plantations le long des routes. Cette allée de palmiers est probablement unique sur la terre. Dans aucun jardin tropical, ni à Peridinya, ni à Singapore, ni à Buitenzorg, je n'en ai vu d'aussi belle. Ce qui ajoute encore à la majesté de cette avenue, c'est le cadre grandiose dans lequel elle se développe entre les escarpements du Corcovado d'un côté, et de l'autre les murailles énormes de la Gavea (voile de perroquet) qui doit son nom à la forme carrée de sa cime perdue dans le ciel bleu. Non, il n'est pas de jardin au monde dans un tel décor, et le site est bien digne de toutes les splendeurs qui arrêtent à chaque pas le visiteur. Il y a toutes les variétés d'arbres tropicaux, des manguiers, des jaquiers, des fougères et des ricins arborescents, des papayers, des dragonniers aux feuilles rouges, et d'impénétrables bouquets de bambous qui entre-choquent leurs tiges au moindre souffle de vent; il y a des massifs de myrtes, d'hybiscus, de cortons, de cèdres, il y a un étang où croissent toutes les variétés de plantes aquatiques, et où s'étalent les feuilles géantes du *Victoria Regia*...

Tandis que je me grise de cette débauche végétale, je ne remarque pas que le ciel s'assombrit. Et voici que tombent soudain de rares gouttes exagérément larges. Me voilà prévenu. J'ai souvenir qu'à Java, et en Afrique centrale, les pluies tropicales commençaient de la même façon. Tandis que je prends la fuite, je reconnais le tambourinement assourdissant sur les grandes feuilles, et puis cela devient tout de suite un déluge effroyable dont on ne peut se faire la moindre idée dans nos climats. Je patauge lamentablement dans les chemins transformés en lacs, et, percé jusqu'aux os, je me rends compte combien est grand ce jardin d'une superficie de 55 hectares. Rien n'est plus triste qu'une ville de soleil sous la pluie. Lorsqu'il pleut, Rio, si gaie d'habitude, est comme enveloppée d'un voile de deuil.

Heureusement, le temps ne se gâte pas pour longtemps. Une heure après, le ciel ne se souvient plus de rien. Le Pain de Sucre projette son étrange silhouette sur le bleu le plus pur. Sa cime me tente : elle est si fascinante; on entrevoit en imagination l'admirable panorama que doit offrir le rocher solitaire gardant l'entrée de la baie et formant le premier relief de cette longue succession de soulèvements qui la dominent des deux côtés et se terminent au nord par la chaîne des Orgues. Autrefois, ses parois presque inaccessibles ne se laissaient vaincre que par les alpinistes les plus éprouvés; mais, dans ces derniers temps, elle a perdu son auréole de virginité : un chemin de fer aérien unique au monde, d'une audace folle, œuvre de M. Ferreira Ramos, en a fait un curieux but de promenade pour les habitants de Rio qui se plaisent à aller respirer la fraîcheur du soir sur ce rocher posté en sentinelle avancée en face de l'océan. Une heure avant le coucher du soleil, je me trouve à la station de départ. Elle est située sur la plage vermeille, sur l'emplacement de l'Exposition de 1908, au pied du colosse dont on peut, en cet endroit, apprécier la masse gigantesque avec ses escarpements abrupts. On me délivre un billet d'aller et retour pour 4000 reis. Comme le retour ne peut s'effectuer que dans les airs, il ne viendrait à l'idée de personne de demander un billet simple. L'ascension se fait en deux parties : un premier câble aérien auquel s'accroche une petite voiture de tramway, monte à la *Pedra de Urca*, contrefort qu'un col sépare du Pain de Sucre proprement dit. Nous sommes une dizaine de voyageurs ; le câble se met en mouvement, et les dames jettent de petits cris d'épouvante quand la voiture se met à monter dans le vide, avec un inquiétant mouvement de tangage, sous l'influence d'un vent assez fort. Nous mettons cinq minutes à franchir 500 mètres, et nous débarquons sains et saufs sur le plateau de la *Pedra de Urca*, où nous visitons la force motrice qui met le câble en action. Il y a, au centre du plateau, un restaurant entouré d'un délicieux jardin où les bourgeois de Rio aiment à dîner *al fresco*. Au bout du plateau se trouve la deuxième station qui fait face au cône du Pain de Sucre. Nous prenons place dans la voiture qui part tous les quarts d'heure, et, sitôt le signal donné, nous sommes lancés au-dessus de la mer de verdure qui se déploie à plusieurs centaines de mètres sous nos pieds. Les palmiers que le vent agite ont des ondulations de vagues vertes : c'est émouvant et grandiose, et l'impression est inoubliable. Le vent souffle avec force dans le col, et notre frêle nacelle de ballon, parvenue à une hauteur vertigineuse, tangue de plus en plus. Est-ce le vertige ? Est-ce le tangage ? Une passagère se sent mal. Quand on détache les yeux du câble et qu'on regarde la mer de verdure, on a l'illusion d'être en aéroplane, à part le sifflement du vent, qui cause une petite impression de malaise. On raconte qu'il est arrivé parfois que, par suite du manque de courant électrique, la voiture est restée longtemps suspendue dans le vide. Tout le long de cette émotionnante ascension, on se sent comme fasciné par la vue obsédante du formidable rocher vers lequel on monte lentement, si lentement ! Et c'est avec un soupir de satisfaction qu'on aborde enfin au sommet du Pain de Sucre. Quand nous atteignons le belvédère terminal, le soleil se couche dans sa gloire et projette ses derniers rayons sur le Corcovado, la Tijuca et les cimes lointaines des Orgues. Rio est célèbre pour la magnificence de ses couchers de soleil, mais c'est du haut du Pain de Sucre qu'il faut voir cette féerie qui se renouvelle chaque soir, toujours fascinante, toujours merveilleuse. Et combien belle aussi, vue du haut du Pain de Sucre qui la domine comme un mât géant, la baie à l'heure où elle commence à s'illuminer et où brillent les feux des bateaux qui, de cette hauteur, paraissent comme des coquilles de noix ! Pourquoi faut-il que, pour l'homme né sous un autre climat, l'admiration laisse toujours place à cette impression d'exil et de dépaysement que fait naître la mélancolie des soirs devant les éblouissantes splendeurs des tropiques ?

Le panorama le plus célèbre de Rio est celui dont on jouit du haut du Corcovado. Cette montagne, qui forme une masse énorme de granit, se dresse à pic, de toute sa hauteur de 700 mètres, presque dans Rio, puisqu'elle sépare la ville propre des faubourgs qui s'étendent du côté opposé. On peut aujourd'hui en gagner le sommet, d'apparence si rébarbative, en prenant le bond du Sylvestre, puis le tramway électrique du Corcovado.

C'est par le seul versant nord-ouest, envahi par une débauche de végétation, que l'ascension est possible, car les autres versants n'offrent que des murailles inaccessibles. Ce chemin de fer du Corcovado est un des plus hardis qui soient au monde : il franchit sur des ponts vertigineux une succession de ravins et de précipices béants, grimpe sur les rampes de plus en plus escarpées et s'élève au milieu d'un inextricable dédale de verdure, offrant une flore d'une infinie variété de tons et de nuances. On atteint à mi-chemin la station de Paineiras, où l'on a érigé à 465 mètres d'altitude l'hôtel du Corcovado. Comme on y respire un air vif et pur ! Comme on y ferait une bonne cure de silence et d'oxygène ! Le climat de Paineiras est si salubre, que ceux qu'a anémiés l'étuve de Rio viennent s'y retremper dans une température inférieure de 8 à 10 degrés à celle de la capitale. Derrière l'hôtel, on trouve avec une agréable surprise une magnifique route plane qui longe un de ces vieux aqueducs construits il y a deux siècles par les Portugais. Ce chemin, qui se poursuit horizontalement dans le mystère de la forêt, jusqu'au réservoir des eaux, est comme un chemin de conte de fées : on n'y entend que le murmure discret d'une eau cristalline coulant sur son lit de pierre, le chant aigu des cigales et le cri de quelque oiseau qui résonne à l'écart. Dans l'ombre éclate, çà et là, l'aile diaprée d'un papillon. A cette altitude élevée on trouve encore, mêlés aux arbres à lianes, des palmiers, des ficus, des bananiers, des fougères arborescentes. Sous le dôme de feuilles règne une fraîcheur qu'on ne s'attendait pas à trouver si près de Rio. La température dépasse à peine 14° centigrades. Et c'est un rêve charmant de parcourir jusqu'au bout, pendant 6 kilomètres, les mystérieux ombrages du chemin de l'aqueduc, qui aboutit à un pont de fer fixé dans la roche, le *Ponte do Inferno*, suspendu au-dessus d'un abîme de verdure.

Revenu à Paineiras, on reprend le train qui aboutit à 670 mètres d'altitude, point terminus du chemin de fer. De là on atteint en quelques minutes le point culminant du Corcovado, que couronne un pavillon en fer. A cette hauteur, on respire l'air vif des Alpes et on embrasse un prodigieux panorama. La vaste baie de Rio en est le principal point de mire, avec ses eaux bleues et miroitantes, avec ses rivages si capricieusement découpés, se développant sur une étendue de plus de 30 lieues, avec son dédale d'îles et d'îlots qui semblent flotter comme d'innombrables corbeilles de verdure, avec son merveilleux cadre de montagnes non moins vertes, qui viennent mourir doucement au bord du flot. Au delà du Pain de Sucre, qui domine l'entrée de la baie, se déploie l'infinie nappe d'azur de l'océan, sur laquelle un lointain transatlantique trace son sillage à destination de l'Europe. La ville de Rio, avec son million d'âmes, éparpillée en trois groupes de maisons entre lesquels verdoient des montagnes, n'est plus qu'un village, vu de cette hauteur. L'immense jardin botanique, qui s'étend immédiatement au-dessous du Corcovado, paraît petit, et les palmiers géants prennent des proportions lilliputiennes. L'atmosphère est si transparente qu'on ne perd pas le moindre détail de cette gigantesque carte en relief, depuis la gracieuse baie de Nictheroy jusqu'à la chaîne lointaine de la Tijuca. La vue est si vaste, si prodigieusement variée, qu'elle donne le vertige, non le vertige des hauteurs, mais celui de l'immensité.

J'ai rencontré sous le kiosque érigé au sommet du pic un groupe d'acteurs et d'actrices de Paris qui discutaient le point de savoir si le paysage qu'ils avaient sous les yeux pouvait prétendre à la palme sur la baie de Naples ou le Bosphore. La dispute était oiseuse. Il n'y a là aucune comparaison à faire. Le Bosphore, la baie de Naples, la baie de Sydney, la mer intérieure du Japon sont des paysages qui ont chacun leur beauté propre; la baie de Rio, vue du Corcovado, est un paysage à part, dont il n'existe pas d'autre exemple sur notre planète : le seul panorama qui m'ait donné un même vertige d'immensité est celui que j'ai admiré de la plus haute cime de Ceylan, où l'île m'apparaissait comme un navire vu du haut d'un mât; mais combien différents sont les deux aspects! Si l'on ne peut proclamer Rio la plus belle vue de la terre, c'est du moins un paysage unique; mais la grâce et l'harmonie manquent aux montagnes qui, émoussées par l'érosion, ont des formes trop heurtées, trop chaotiques.

Le Corcovado m'avait donné une idée de la végétation forestière; mais c'est sur les pentes de la Tijuca qu'il faut voir la forêt brésilienne dans toute sa vigueur, et c'est à pied qu'il faut l'explorer. Par une de ces admirables matinées dont on ne peut se faire une idée dans nos climats, je me suis mis en marche tout seul, sans aucune appréhension de me perdre en chemin, car je n'avais qu'à suivre la route du tramway électrique de la Tijuca qui, sitôt achevé, a dû être abandonné à la suite d'un procès qui dure depuis deux ans. La voie, tracée à coups de millions à travers rochers et forêts, est entièrement construite, mais elle est inexploitée, les rails sont rouillés, les fils sont envahis par toute une végétation de parasites, et les lianes s'y enrouleront bientôt. *Sub judice lis est.* Et les actionnaires attendent la décision de Thémis, qu'on ne peut accuser d'être trop expéditive.

J'ai donc suivi pendant des heures la voie du tramway. Elle est déserte. Personne n'y passe. Et pour un piéton solitaire c'est encore le seul moyen d'admirer la forêt brésilienne. Car cette forêt est impénétrable à qui ne peut s'y frayer un chemin à coups de *machete*. Et j'ai pu contempler ainsi une succession de paysages que ne surpasse peut-être aucun paysage du Brésil. La voie est percée à travers d'admirables *barrancas* aussi belles que celles que je parcourais jadis dans les terres chaudes du Mexique : même exubérance de vie végétale, même richesse de papillons aux ailes merveilleuses étincelant de l'éclat des pierres précieuses. L'arbre imposant qui y domine est, de son nom brésilien, le *yucca*, qui monte très haut, et qui porte un fruit dont les Noirs font leurs délices. Son tronc est rouge d'un côté, blanc de l'autre. Entre les grands arbres, c'est une débauche de plantes grimpantes, de lianes, de fougères, de mousses, de lichens, dont le développement est favorisé par l'humidité de la forêt. Des palmiers, dont il y a des variétés de toutes sortes, dressent leurs troncs sveltes et leurs panaches au milieu de cette vigoureuse végétation. Je n'y ai pas vu de conifères. Mais quoique nous soyons au cœur de la saison fraîche, la forêt est aussi verte que dans la saison torride, car, à la différence des arbres à feuillage caduc de nos contrées, les essences du Brésil ne dépouillent pas leurs feuilles toutes dans le même temps. Chaque arbre bourgeonne à son moment, en sorte que les uns renouvellent leurs feuilles quand d'autres les perdent. Et ainsi la forêt brésilienne offre une infinie variété de teintes, depuis le vert sombre de certains grands arbres au feuillage lustré, jusqu'au vert pâle des bambous. Cette richesse de couleurs éclate surtout dans les palmiers. Dans les feuillages il y a des surfaces d'un blanc argenté qui, lorsqu'elles frissonnent sous le vent, ont des éclats de paillettes. Sur les troncs, c'est toute la gamme des teintes : le violet, le pourpre, le rose, le jaune, le rouge, le blanc.

C'est sur les pentes de la Tijuca qu'on peut se rendre compte de la prodigieuse fécondité de la nature brésilienne. On a constaté que si l'on y défriche une partie de forêt, cinq années suffisent pour lui restituer son premier aspect, au point que c'est à peine si l'on peut distinguer la nouvelle végétation de celle qui l'entoure. Avec quelle fougue montent les grands arbres à la recherche de l'air et de la lumière ! Avec quelle vigueur les plantes grimpantes, les lianes enlacent leurs troncs, envahissent leurs branches, pendent en festons et se balancent d'un arbre à l'autre ! Quelle orgie d'orchidées, de bromeliacées, de philodendrons et d'autres plantes parasites qui vivent aux dépens du tronc, y prennent racine et y déploient de splendides floraisons ! Quel épais manteau de fougères et de mousses dissimule les cadavres des arbres tombés ! Il n'est pas un pouce de terre, pas un morceau d'écorce où ne s'épanouisse une sève végétale, pas une branche où ne pende la *tillandsia* ou « barbe de vieux ». Il n'est pas jusqu'aux parois des roches de gneiss, trop escarpées pour que l'humus puisse se déposer, où une plante qui ne se nourrit que d'air et d'humidité ne trouve moyen de prendre racine dans une crevasse. Non moins remarquable est la variété des espèces dans cette exubérance de vie. Les plus belles forêts des régions tempérées comptent à peine trois ou quatre essences différentes. Ici les phénomènes de la vie végétale varient à l'infini. D'innombrables espèces croissent côte à côte, avec toutes les formes et toutes les couleurs de troncs, de branches et de feuilles.

Ce n'est pas que les arbres de la forêt brésilienne soient de taille gigantesque. Peut-être trouve-t-on de ces titans dans les forêts de l'Amazone; mais sur les pentes de la Tijuca les troncs les plus élevés ne dépassent guère 30 mètres de hauteur. Dans les grandioses forêts de Java et de l'Afrique centrale, j'ai vu des géants deux fois plus hauts, et dans la Colombie anglaise j'en ai vu d'une taille triple. Mais nulle part je n'ai vu l'énergie créatrice de la nature se manifester par une aussi étonnante variété de formes et de couleurs. La forêt javanaise, que hante le tigre, la forêt d'Afrique, que hante la panthère, m'inspiraient une sorte de terreur religieuse. La forêt brésilienne est moins sombre et moins farouche.

De tous les souvenirs que peut laisser dans les yeux et dans l'âme une visite aux contrées tropicales, il n'en est pas de meilleur à évoquer que les jardins et les forêts où l'on s'est émerveillé devant une flore nouvelle et devant une nature paradisiaque. Mais le souvenir a peut-être plus de charme que la contemplation sur place. J'en appelle à quiconque a passé ses jeunes années dans une contrée à climat tempéré : jamais il n'éprouvera une satisfaction sans mélange lorsqu'il se trouvera transplanté au milieu des paysages tropicaux et des merveilles végétales qui s'épanouissent sous le soleil aux rayons verticaux. S'il fait bon y passer en curieux, il ne fait pas bon y résider. L'homme ne peut s'y adonner, comme dans nos pays tempérés, aux sains exercices physiques; la moindre marche le met en nage; la moindre fatigue l'abat; la chaleur constante lui est énervante; il lui est interdit de courir les bois qui sont impénétrables et de gravir les montagnes que les bois rendent inaccessibles; il craint mille ennemis, les moustiques, les fièvres, l'anémie, l'hématurie; il s'inquiète de la moindre blessure qui devient bientôt un ulcère; il doit se défier des viandes qui se corrompent à la chaleur. On voudrait ne voir que la splendeur du tropique ; mais mille perfidies se cachent sous son sourire aimable.

Et pourtant, parmi tous les pays tropicaux, je n'en connais pas de plus favorable à l'homme blanc que cet adorable jardin qu'est la capitale du Brésil. Depuis l'embellissement et l'assainissement des rues, Rio est devenue une charmante résidence d'hiver, où les Européens peuvent s'acclimater plus facilement que dans aucune autre station tropicale. Rio, qui, hier encore, était un foyer de fièvre jaune, est devenue, depuis que ce fléau a été définitivement vaincu, une des villes les plus salubres de l'Amérique. C'est aussi la plus magnifique station d'hiver pour ceux qui voudraient échapper à la banalité de nos plages d'Europe et goûter le repos absolu qu'offrent quinze jours de traversée sur les flots bleus d'un océan toujours calme.

Aux charmes d'un séjour à Rio s'ajoute cette attraction qu'exerce sur l'étranger un peuple aimable et hospitalier entre tous. De tous les peuples jeunes, il n'en est guère de plus intéressant que les Brésiliens. Combien leurs origines latines les rapprochent de nous ! Comme le sentiment de l'égalité est plus prononcé chez eux que chez les

Américains du Nord ! Comme ils répudient l'odieux préjugé de couleur de l'Anglo-Saxon ! Le Brésilien est démocrate dans le bon sens du mot. Il a, il est vrai, un faible pour les titres de général, de commandeur, d'excellence et d'illustrissime, mais n'en reste pas moins égalitaire, et peu lui importe à qui il serre la main, à un noir ou à un blanc, à un homme du peuple ou à un ministre. Réciproquement, l'homme du peuple traite un ministre d'égal à égal. D'ailleurs, je n'ai pas entendu dire qu'il y ait au Brésil de ces tristes luttes de classes dont nous souffrons en Europe. Arago observait déjà qu'on trouve fort peu de mendicité à Rio, et le fait, qui n'a pas cessé d'être vrai, s'explique par le caractère profondément démocratique des Brésiliens : ils se tendent tous la main et se soutiennent entre eux. Agassiz les a bien à tort accusés d'indolence et d'apathie. L'énergie et l'esprit de suite avec lesquels ils ont vaincu le fléau de la fièvre jaune et fait de Rio la plus charmante capitale de la zone torride démontrent victorieusement l'injustice de cette accusation.

La seule ombre du tableau, c'est qu'il n'y ait pas à Rio que des Brésiliens. Il y a dans la population une forte proportion de Portugais, qui ne cesse de croître. Le peuple brésilien est bon, le gouvernement brésilien ne l'est pas moins; la liberté au Brésil est absolue. Et Rio serait un paradis, si le Portugal n'y envoyait chaque année cent mille émigrants que la misère chasse de leur pays. Ces émigrants sont des « indésirables ». Tous sont pauvres, et la plupart sont profondément dépravés. En vain le gouvernement de Lisbonne, ému de cette effrayante dépopulation du pays que favorise la communauté de langue, prend les mesures les plus énergiques pour arrêter le flot de l'émigration. Les Portugais, pour fuir la misère, fuient leur patrie, car misère et patrie sont pour eux un même mot et une même chose. Mais leur misère est en eux, ils débarquent avec elle, et les Brésiliens s'inquiètent de cette invasion de miséreux qui ne rêvent qu'émeutes et révolutions. Il y a entre Brésiliens et Portugais une antipathie d'autant plus extraordinaire qu'ils sont de même race. Mais le Brésil a horreur des révolutions.

CHAPITRE II

Impressions d'Amérique

I. — New-York

La Société américaine de Géographie, qui a son siège à New-York, voulant célébrer le soixantième anniversaire de sa fondation par une excursion transcontinentale suivie d'un Congrès international à New-York, avait invité les principales Sociétés de géographie d'Europe à désigner les délégués qui devaient y prendre part.

Le voyage devait couvrir en deux mois 8 000 milles de rail. Les points principaux du programme, à partir de New-York, étaient l'inévitable Niagara, Chicago, Saint-Paul, le lac Supérieur, six jours au Parc National de la Yellowstone, les Montagnes Rocheuses, l'État de Washington, l'Orégon, la Californie, le lac Salé, le grand Cañon du Colorado, la vallée du Mississipi, Washington et New-York.

Le train spécial, mis gratuitement à la disposition des invités, se composait de quatre wagons-lits, un wagon-restaurant et un wagon de bagages. Le nombre des participants était de soixante, dont trente Européens. Le directeur du voyage était M. le professeur Davis, de l'Université de Harvard, célèbre par ses travaux sur la géographie physique. M. Joerg lui était adjoint en qualité d'assistant. La Société américaine de Géographie assumait les frais de voyage des invités pendant toute la durée de l'excursion de New-York au Pacifique et retour, billets de transport, wagons-lits, repas dans le wagon-restaurant, hôtels, excursions en automobiles, etc. Les seules dépenses à charge des invités étaient les traversées aller et retour d'Europe à New-York et le séjour à New-York. La somme allouée par la Société de Géographie pour couvrir ces frais s'élevait à 700 dollars par invité. Outre les invités, un certain nombre de délégués pouvaient prendre part au voyage à leurs frais.

Les membres de l'expédition étaient spécialement priés de rédiger, au cours du voyage, des notes écrites qui devaient être remises au jour le jour, datées et signées, à M. le professeur Brigham, historiographe de l'expédition. Et les instructions portaient que les notes seraient d'autant plus appréciées qu'elles seraient plus abondantes. On n'exigeait pas que les notes eussent un caractère spécial : elles pouvaient être scientifiques ou pittoresques, sérieuses ou amusantes, suivant le goût de chacun. Et pour encourager les participants à se conformer à ces instructions, chacun d'eux reçut au début du voyage, à titre gracieux, un bloc-notes d'une respectable épaisseur et une plume-réservoir en or. C'est avec cette plume que j'écris ces quelques notes, qui n'ont la prétention d'être ni scientifiques ni même amusantes. On fait ce que l'on peut. Je n'ai d'ailleurs suivi l'excursion que jusqu'à Chicago, par suite de circonstances de force majeure qui m'ont rappelé prématurément en Europe. Je ne relaterai donc que ce que j'ai pu observer à New-York et sur les autres points de l'itinéraire suivi au cours des cinq premières journées de voyage. Ayant déjà visité l'Amérique en 1876 et en 1883[1], je me bornerai à traduire ici les impressions nouvelles qu'ont suscitées en moi les transformations et les progrès réalisés.

1. *Un été en Amérique*. Paris, Plon. — *La Terre des Merveilles. Voyage au Parc National de la Yellowstone*. Paris, Hachette.

Et d'abord, que de progrès accomplis dans la navigation depuis cette époque déjà lointaine où l'Amérique célébrait le centenaire de la proclamation de son indépendance !

Lors de mon premier voyage en Amérique, il ne me fallut pas moins de dix-sept jours pour faire la traversée de Liverpool à Baltimore sur un bateau de 6 000 tonnes, qui passait alors pour un géant, et qui serait regardé aujourd'hui comme un nain.

Un vieux passager me racontait que, dans sa jeunesse, il avait mis quarante jours à faire cette même traversée sur un voilier. Je me souviens du misérable éclairage des transatlantiques, il n'y a pas plus d'une trentaine d'années : des lampes à l'huile dans le salon, des bougies en stéarine dans les cabines ; aujourd'hui, des flots de lumière électrique partout. Et puis, la merveilleuse télégraphie sans fil, qui met aujourd'hui les transatlantiques en communication avec la terre ! A mi-chemin, entre l'Europe et l'Amérique, les ondes hertziennes nous apprirent la mort d'un de ces favoris de la gloire qui proclament leur nom non seulement sur la terre, mais encore sur l'océan !

L'entrée du port de New-York m'a transporté

d'admiration. C'est d'abord la statue colossale de la Liberté éclairant le monde, et qui n'a commencé à l'éclairer que depuis mes précédentes visites, en sorte que le monde ne s'en porte que mieux. Le colosse de Rhodes, qui passait dans l'antiquité pour l'une des sept merveilles connues, devait être peu de chose auprès de l'œuvre de Bartholdi. Songez donc qu'on peut monter dans le flambeau, dont l'extrémité est à une cinquantaine de mètres de hauteur !

Mais ce qui m'a le plus étonné, ce sont les *sky-scrapers*, les gratte-ciel aux cinquante ou soixante étages, qui surgissent sur la pointe de Manhattan. Quand on arrive de la mer, ils font l'effet, de loin, d'une formidable architecture byzantine hérissée de tours et de coupoles. Au coucher du soleil, ces lignes invraisemblables, autour desquelles flottent des fumées blanches pareilles à des flocons de ouate, se découpent sur l'or du ciel et prennent un aspect oriental qui a je ne sais quoi de fantastique et d'irréel, et qui évoque les étranges visions des *Mille et une Nuits*. On peut dire de New-York ce que Fénelon disait de Tyr. Cette grande ville, qui est au milieu des flots, dans une île, semble nager au-dessus des eaux et être la reine de toute la mer.

Un des moments les plus redoutés du voyageur, c'est l'heure du débarquement. J'ai admiré la facilité avec laquelle on débarque aujourd'hui à New-York sur un de ces cent *piers* flottants qui s'alignent comme des bataillons le long de la rivière Hudson. Chaque ligne de navigation a son *pier*, avec plusieurs étages correspondant aux différents ponts de ces énormes palais flottants que sont les transatlantiques. Le plancher de ces *piers* est divisé en autant de compartiments qu'il y a de lettres alphabétiques, et le voyageur qui débarque se rend, pour la réception et la visite de ses bagages, à la lettre initiale de son nom. Tout se passe avec un ordre et une promptitude remarquables. Il n'est pas jusqu'au *cableman* qui ne soit là pour vous dispenser de la peine de courir au télégraphe.

Je fus aussi abordé par l'inévitable reporter qui me demanda très sérieusement ce que je pensais de son pays. Je lui fis remarquer que n'étant pas encore à terre, je n'avais vraiment pas eu le temps de me faire une opinion.

Une autre nouveauté, ce sont les automobiles qui ont supplanté les cabs d'autrefois. C'est un progrès, grâce auquel je puis me rendre en quinze minutes du débarcadère à la Columbia University, tout au bout de New-York. Et voici le comble du progrès : ce n'est qu'à New-York que j'ai payé 4 dollars pour une course d'un quart d'heure en taxi.

La Columbia University, où la Société américaine de Géographie nous avait offert des chambres d'étudiants, est l'une des plus anciennes et des plus célèbres universités de l'Amérique : elle existait déjà sous le nom de King's College au milieu du dix-huitième siècle, au temps du roi Georges II d'Angleterre; mais les bâtiments actuels ont été construits depuis mes précédentes visites à New-York. Ces bâtiments couvrent un immense terrain dans la partie la plus salubre de la ville : leur valeur s'élève à 20 millions de dollars. L'Université compte cinq cents professeurs et six mille étudiants, et elle a donné à l'Amérique plus d'un homme illustre.

Ce qui m'avait le plus frappé à New-York lors de mes premières visites, c'était l'animation extraordinaire qui règne dans ses rues à toute heure du jour. Rien ne m'étonnait comme cette activité dévorante d'un peuple jeune, énergique et audacieux. Et pourtant, le New-York de 1876 n'était point le New-York d'aujourd'hui. Depuis lors, la population a monté de moins de deux millions à plus de quatre millions. Il s'ensuit que la circulation est devenue deux fois plus intense. Il y avait déjà, en 1876, un chemin de fer aérien, actionné par des locomotives, qui allait d'un bout à l'autre de cette ville de 7 lieues de longueur ; aujourd'hui, il n'y a pas moins de quatre lignes de chemins de fer établies dans des rues parallèles, et partout la traction électrique a remplacé la locomotive démodée. Ces chemins de fer transportent, par an, dix fois plus de millions de voyageurs qu'il n'y a de millions d'habitants à New-York. Et ces voies aériennes, établies sur des piliers de fer, courent au niveau du premier ou même du troisième étage des maisons, atteignant parfois une hauteur de 20 mètres. Un progrès qui ne date que d'hier, c'est le chemin de fer électrique souterrain, le *subway*, que les Américains, qui abrègent tout, désignent sous le nom de *sub* ; il parcourt 25 kilomètres sous terre, avec une longueur totale de 34 kilomètres. Plusieurs stations, qui ont dû être taillées dans le roc, ne sont accessibles qu'au moyen d'élévateurs.

J'ai connu New-York au bon vieux temps des tramways à chevaux qui nous vinrent de l'Amérique, et que nous appelions pour cela, en Europe, « trams américains ». Aujourd'hui, ce sont de luxueux tramways électriques, d'une longueur invraisemblable, qui luttent de vitesse avec les chemins de fer aériens sous lesquels ils courent : ils partent tout de suite avec le maximum de courant, sans attendre les retardataires, et j'ai failli me tuer en sautant sur une voiture qui partait. Le système de contrôle établi sur les tramways est infiniment plus ingénieux qu'en Europe : chaque voyageur dépose en entrant le prix de la course, fixé uniformément à cinq cents, dans un récipient en verre, où la pièce de monnaie tombe lentement dans un conduit en spirale, sous l'œil du receveur qui ne quitte jamais la plate-forme et qui distribue la monnaie de change.

Si les tramways à chevaux ont disparu, on ne voit plus guère non plus de fiacres et de cabs. C'est dans les rues de New-York que triomphe l'automobile. Et si la rue appartient à l'automobile, il s'ensuit qu'elle n'appartient plus au piéton. Le bruit infernal des chemins de fer aériens, des tramways et des chemins de fer souterrains étouffe complètement le bruit des automobiles, en sorte que le pauvre piéton, qui n'entend pas le cornet, se trouve écrasé sans qu'il s'en doute. Il s'est garé du tramway, mais il n'a pas vu l'auto qui arrivait en sens contraire. Le policeman est là qui veille, mais il se fait parfois écraser lui-même. Et c'est bien fait, car pourquoi est-il un piéton? Chaque fois que j'eus l'imprudence et l'impudence de vouloir traverser une rue à pied, il faillit m'en coûter la vie. C'est que, pauvre Européen, je n'étais pas dans le mouvement américain. Il y a pourtant des Américains à qui cela arrive, comme l'atteste la mort tragique de M. Hurlbut, le regretté bibliothécaire de la Société américaine de Géographie, que j'avais rencontré dans maints Congrès de géographie, et que j'avais, hélas! vainement espéré retrouver à New-York. Qu'il me soit permis de lui payer ici un tribut d'éloge et de regret.

Le successeur de M. Hurlbut est M. Mac Iver, le célèbre égyptologue, qui m'a fait très courtoisement les honneurs de la riche bibliothèque de la Société américaine de Géographie, dont il terminait l'installation dans le superbe hôtel que la Société vient d'inaugurer dans un des quartiers les plus aristocratiques de New-York. C'est dans les bureaux de la Société que j'ai présenté mes devoirs à l'éminent professeur Davis, directeur du voyage transcontinental auquel j'étais si gracieusement invité à l'occasion du soixantième anniversaire de la Société. Comme trait distinctif de l'esprit positif et pratique des Américains, en voici un que je ne puis me dispenser de citer. Au moment où je fus enregistré comme participant au voyage en train spécial qui devait durer deux mois entiers, on me posa deux questions :

1° Voulez-vous prendre une assurance contre les accidents qui pourraient survenir au cours du voyage ?

2° Quelle personne faudrait-il prévenir en cas d'accident ?

Ces deux questions me furent posées si froidement, qu'elles me donnèrent froid. Elles étaient dictées par une maternelle sollicitude évidemment. Mais les accidents de chemin de fer sont chose si courante en Amérique, et la vie humaine y compte pour si peu de chose, que la sollicitude se conçoit parfaitement.

Et après tous ces merveilleux progrès, revenons un moment aux gratte-ciel, qui sont la gloire de l'Amérique moderne. J'admirai beaucoup, en 1876, un énorme édifice à neuf étages surmonté d'un campanile d'une centaine de mètres de hauteur.

C'étaient les bureaux du journal *la Tribune*. Cet édifice, qui passait alors pour le plus haut de toute l'Amérique, existe encore, mais il a été depuis longtemps surpassé par des édifices deux fois plus hauts, en sorte que *la Tribune* est absolument détrônée ; ce n'est plus qu'un nain chétif auprès des glorieux géants voisins. Et puis, quel progrès dans la ligne des gratte-ciel ! Il en est qui, malgré leur hauteur démesurée, s'enlèvent avec la grâce et la légèreté du campanile de Venise. Tel le *Metropolitan Building* qui, avec sa tour de sept cents pieds, est la plus haute construction du monde où la maçonnerie soit combinée avec l'acier. Du haut de cette tour, j'ai embrassé le prodigieux panorama de New-York, avec ses innombrables maisons couvertes, non de toitures en tuiles, mais de terrasses, qui abritent le seizième de la population entière des États-Unis. Les fumées blanches des gratte-ciel planant très haut au-dessus des toits faisaient l'effet d'une multitude de pelotes de coton suspendues dans les airs. New-York est plus belle vue d'en haut que d'en bas. Si la saleté des rues est en raison directe du progrès, New-York dépasse assurément sous ce rapport toutes les villes d'Europe, Naples même.

Ce que j'ai vu de plus étonnant après les gratte-ciel, c'est la nouvelle gare du chemin de fer de Pennsylvanie, qui est la plus vaste du monde. La salle des pas-perdus, avec sa voûte d'une hauteur vertigineuse, est d'une grandeur vraiment romaine dont les Bains de Caracalla peuvent seuls donner l'idée. Et ce n'est pourtant qu'une salle des pas-perdus, qui donne accès à la gare véritable, une gare souterraine d'où partent les trains qui passent sous la rivière Hudson par un double tunnel. La rivière Hudson, qui n'est encore traversée par aucun pont, coule au-dessus de plusieurs autres tunnels que parcourent constamment des trains allant de l'île Manhattan à Jersey City, un des énormes faubourgs de la babylonienne métropole.

Lorsque je visitai New-York en 1876, on y construisait, au-dessus de la rivière de l'Est le pont suspendu dont le tablier mesure 1 600 pieds d'une tour à l'autre. Le jour où il fut inauguré, ce pont passait pour la plus grande merveille du monde. Mais quel n'a pas été mon étonnement d'en voir aujourd'hui deux autres au-dessus de la rivière de l'Est ! En sorte que des ponts suspendus d'une demi-lieue de long sont devenus, à New-York, une chose presque banale. J'ai traversé en chemin de fer le grand pont de Brooklyn à l'heure où les ouvriers s'en retournaient chez eux après leur travail du jour. Des flots d'hommes se précipitaient dans les trains partant de minute en minute, et je fus bousculé brutalement par ces gens du peuple pressés de regagner leurs foyers. C'était un spectacle dont on ne peut se faire une idée même dans les quartiers populaires de Londres. Sur le tablier je ne vois ni piétons ni chevaux : personne n'aurait l'idée de franchir le pont de Brooklyn à pied ou en voiture. Mais la voie carrossable était sillonnée des envahissants automobiles. Et je songeais à la force de résistance des câbles d'acier qui, depuis trente ans, supportent cette formidable circulation.

J'ai visité avec beaucoup d'intérêt la nouvelle bibliothèque publique inaugurée depuis l'année dernière. C'est un somptueux palais de marbre, un des plus beaux édifices de New-York, couvrant 115 000 pieds carrés. La grande salle de lecture peut recevoir près de 800 lecteurs, et toutes les salles réunies peuvent en recevoir près de 1 800. Les galeries contiennent un million de volumes. Un catalogue sur fiches est à la disposition du public dans une salle dont les dimensions égalent celles de la grande salle de lecture. Voulant faire une expérience, j'ai demandé mes livres sur l'Amérique : ils m'étaient apportés au bout de quatre minutes. Dans quelle bibliothèque d'Europe est-on servi avec une telle rapidité ? Parmi les nombreuses salles de lecture spéciales, il en est une réservée aux enfants, et c'est chose amusante de voir les bébés lire les livres de leur âge. Une autre salle renferme uniquement les livres du jour, les dernières nouveautés.

Je suis sorti de ce palais des livres, d'un luxe peut-être exagéré, avec l'impression que les Américains savent allier le culte du dollar à celui de l'étude. Leurs universités et leurs bibliothèques sont les plus fastueuses du monde.

Telles sont les impressions rapides que j'ai recueillies pendant les deux jours que j'ai passés dans l'*Empire City* avant le départ de la caravane de géographes de toutes nationalités qui, après avoir dîné ensemble la veille au Harvard Club, se retrouvaient le 22 août, à huit heures du matin, à la gare du New-York Central.

II. — De New-Nork à Chicago

Le train de luxe qui doit être notre home roulant porte, au bout de la dernière voiture, cette mention : « American Geographical Society. Transcontinental Excursion from Atlantic to Pacific. » Nous sommes environ soixante excursionnistes, parmi lesquels dominent les géologues. Comme il faut tout prévoir, un médecin est attaché à l'expédition.

Nous prenons la route de la rive ouest de l'Hudson où le chemin de fer n'a pas moins de quatre voies parallèles. Par endroits, une eau courante coule entre les rails, et la machine prend l'eau au passage sans suspendre sa marche. N'est-ce pas ingénieux ? Et ne sommes-nous pas au pays d'Edison ?

Arrêt à Fishgard. Un funiculaire nous hisse au sommet d'une montagne d'où l'on jouit d'un magnifique panorama sur le fleuve qu'on a souvent comparé au Rhin, mais à tort, puisque les deux fleuves ont une origine géologique bien différente, comme nous l'explique le professeur Hodge.

Nous passons à Albany, capitale politique de l'État de New-York, et nous nous arrêtons à Little Falls, d'où un train local nous mène au sommet d'une colline dominant la romantique vallée de Mahawk dont le professeur Brigham nous expose les caractères géologiques, tandis que M. Whitford nous donne les explications techniques sur le canal de Barge qu'on est en train de creuser, et qui réunira Buffalo à Albany. Pendant cette conférence, un orage éclate qui rafraîchit l'atmosphère très oppressante. Nous arrivons dans la soirée à Utica, où nous dînons et passons la nuit dans un de ces hôtels américains qui réalisent le dernier mot du confort.

Le lendemain nous sommes tous réveillés à six heures, non pas, comme au bon vieux temps, par un coup de toc toc frappé à la porte, mais par le téléphone dont la sonnerie est suivie d'une communication faite par une aimable voix de femme qu'on peut s'imaginer être celle de la plus ravissante des Américaines.

Nous regagnons notre train spécial, et nous bénissons la pluie.

De 30° le thermomètre est tombé à 15°. De bonne heure nous arrivons à Syracuse, toujours par une pluie battante. M. Robert Dey nous souhaite la bienvenue au nom de la Chambre de commerce de Syracuse, qui a organisé pour nous une excursion en automobile aux *Green Lakes*. Douze voitures de première marque nous attendent à la gare, et nous filons à toute vitesse sous un déluge. C'est à pied, armés de nos parapluies et de nos macintosh, que nous faisons la dernière partie de l'excursion. Le sol est transformé en marécages où nous pataugeons lamentablement. Les *Green Lakes* sont des nappes d'eau d'une couleur d'émeraude qui dorment au fond de profonds entonnoirs creusés par l'érosion glaciaire. Le professeur Fairchild nous donna sur place une savante conférence sur ce curieux phénomène géologique. Au retour la pluie avait cessé, la chaleur était revenue, nous mourions de soif, et nous vidâmes avec joie, en pleine forêt, les bouteilles de bière que la Chambre de commerce avait fait apporter pour nous dans d'énormes cuves remplies de glace. Ce n'était pas de la bière de Milwaukee, *which made Milwaukee famous*, c'était la glorieuse bière de Saint-Louis, *which made Milwaukee jalous*.

Le même jour nous nous arrêtons à Ithaca. Des automobiles nous transportent à la célèbre université de Cornell, dont le président, M. Schurman, nous fait les honneurs. Les Américains ont résolu ici le problème d'une université à la campagne. Les bâtiments qui couvrent environ 600 hectares, l'étendue d'une ville de 300 000 âmes, sont disséminés sur une hauteur de 120 mètres au-dessus d'un lac aux eaux bleues, et dominent un des plus beaux paysages qui soient au monde. Fondée en 1865 par l'État de New-York, le gouvernement de l'Union et M. Ezra Cornell, l'université compte 4 700 étudiants et 400 professeurs. Il y règne le silence, le calme et le recueillement qui conviennent à l'étude. Quelle volupté que le silence après l'enfer de New-York ! La bibliothèque contient 300 000 volumes. On nous y a montré comme de pieuses reliques les cartes de Rhode Island dont se servirent Lafayette et Washington en 1778, lors des opérations de la flotte française et des troupes américaines contre les forces de terre et de mer des Anglais. Dans le réfectoire de l'université, on nous servit un excellent souper froid mangé sur les genoux à la façon des étudiants. Puis, très gracieusement, Mme Tarr, la veuve du savant professeur qui s'illustra par ses travaux sur les glaciers de l'Alaska, nous reçut dans son ravissant cottage où ses charmantes jeunes filles nous servirent le thé.

Le lendemain, nous nous arrêtons à Buffalo, dont la population a triplé depuis que j'y passai la première fois. C'est aujourd'hui la seconde ville de l'État de New-York. Il y a, près de la ville, une étendue de 600 hectares connue sous le nom de Lackawanna qui était, il y a sept ans, un « Summer resort » couvert de villas. Aujourd'hui, les 600 hectares sont occupés par les usines d'acier les plus vastes du monde, les *Lackawanna Steel Co.* C'est M. Downs, surintendant général, qui nous en fait les honneurs. On nous y a promenés pendant deux heures sur un de ces wagons découverts qui servent au transport des bestiaux, et on nous a montré les formidables laminoirs où l'acier se transforme en ces rails dont l'immense Amérique est sillonnée de l'Atlantique au Pacifique.

Une heure après, nous arrivons au Niagara, une des grandes merveilles naturelles du monde.

J'avais vu les chutes du Niagara il y a trente-six ans, et j'avais si souvent entendu dire qu'elles reculaient chaque année de plusieurs pieds que je n'ai pas été peu surpris de les retrouver à la même place, ou à peu près. Mais combien on me les a changées ! Disparu l'admirable pont suspendu que traversait le chemin de fer, et qui était une autre merveille devant la merveille de la nature. On l'a remplacé par trois hardis ponts en fer, infiniment moins gracieux, mais plus solides.

En 1870, la force motrice des rapides du Niagara était employée à confectionner le papier des journaux de New-York. Et vous verrez, ai-je écrit à cette époque, qu'ils en viendront à utiliser celle de la cataracte elle-même ! Aujourd'hui cette prédiction est réalisée. Un tramway électrique nous a conduits à une vaste usine où une portion de la cataracte se trouve captée pour produire la plus puissante accumulation de force électrique qui existe au monde. L'usine de la Niagara Falls C° contient dix énormes dynamos d'une force de 5 000 chevaux, dont les champignons ou coiffes en fer tournent à la vitesse de plus de trois kilomètres par minute. Sous le plancher on a creusé dans le roc une salle souterraine d'une profondeur de 53 mètres où plongent dix turbines ayant les dimensions de la colonne Vendôme, turbines que couronnent les dynamos. Dans la partie souterraine qui s'étend à 12 mètres au-dessous des turbines s'écoule l'eau qui est rendue à la rivière par un tunnel communiquant avec la gorge inférieure.

Une conférence donnée sur place, ayant pour objet l'intérêt géologique que présentent les formidables chutes du Niagara, ne pouvait manquer d'être appréciée par les excursionnistes. C'est le savant professeur Taylor qui s'est chargé de cette mission, dont il s'est acquitté avec une rare compétence.

Avant de quitter le Niagara, puis-je évoquer ici un souvenir personnel ? Je m'étais aventuré autrefois, pendant la nuit, dans les forêts séculaires qui recouvrent l'île de la Chèvre (*Goat Island*), si admirablement située entre la chute américaine et la chute canadienne ou « fer à cheval », et j'avais gardé un souvenir indélébile du fleuve roulant dans le précipice à minuit, dans le drame des ténèbres. J'aurais voulu revivre la même émotion, seul devant Dieu. Hélas ! un brutal policeman m'a barré le passage au moment où je me disposais à franchir le pont qui mène à l'île de la Chèvre. On a fait de cette île si poétique un banal parc public, et il est défendu de s'y promener la nuit lorsqu'il n'est pas éclairé. La lune et les étoiles brillaient pourtant d'un glorieux éclat. Mais les policemen ne connaissent pas la lune et les étoiles, et en Amérique on n'admet que la lumière électrique.

Oui, il y a quelque chose de changé au Niagara depuis qu'il est devenu impossible de fuir la foule pour goûter le charme de la solitude et de la méditation. Chateaubriand ne s'y retrouverait plus, si réellement il y a été, ce dont doute fort Jules Lemaître.

Quelques heures de chemin de fer nous ont transportés du Niagara à Toledo, qui ne confectionne point les bonnes lames de Tolède, mais qui passe pour le plus grand lieu de production d'automobiles. Elle en fabrique, dit-on, sept par heure. Des rafraîchissements nous furent servis dans les splendides salons de la Chambre des Communes, située au dix-septième étage d'un gratte-ciel. Nous y fûmes reçus par le maire de la cité, M. Brand-Whitlock, l'ancien ambassadeur des États-Unis en Belgique.

Nous nous embarquons à Toledo sur un de ces pyroscaphes à plusieurs étages qui naviguent sur les grands lacs. Pendant cinq heures nous voguons sur le lac Érié. Au départ, la chaleur est écrasante ; mais au cours de la traversée la température fraîchit, un vent violent et froid se lève, et nous grelottons en débarquant à Détroit. L'hôtel Cadillac, où nous dînons, a des salons plus luxueux que tous les palais impériaux et royaux d'Europe : partout des marbres et des bois rares, des meubles anciens et des cheminées copiées dans les vieux châteaux de France. C'est dans une de ces salles somptueuses que le professeur Jefferson nous donne sur les grands lacs une conférence avec projections lumineuses.

Après une nouvelle nuit passée en Pullmann Car, nous sommes arrivés à Chicago, la reine des lacs. Le Dr Henry Cowles, président de la Société de Géographie de Chicago, nous souhaite la bienvenue dans les splendides salons du Club de l'Université, situés à l'étage le plus élevé d'un édifice d'une hauteur prodigieuse. L'ascenseur, qui est un ascenseur intelligent, refusa de monter tout le monde à la fois. Lors de mes précédentes visites à la métropole de l'Ouest, je n'y avais pas vu de gratte-ciel. Aujourd'hui elle rivalise presque, sous ce rapport, avec New-York. Toutefois, à New-York, les gratte-ciel peuvent monter plus haut, parce qu'ils sont bâtis sur le rocher de Manhattan, tandis qu'à Chicago ils reposent sur un sol si peu consistant que les gratte-ciel y sont un danger public. Aussi, un récent arrêté municipal a-t-il réduit à 260 pieds la hauteur des édifices de Chicago, ce qui dépasse encore notablement la hauteur respectable des tours de Notre-Dame.

Quand je visitai Chicago la première fois, elle sortait à peine de l'incendie formidable qui la dévora en 1871. Tout fut anéanti, jusqu'aux bureaux des journaux, ce qui n'empêcha pas *la Tribune* de paraître en petit format, alors que le feu n'était pas encore éteint. Chicago se releva de ses ruines plus belle qu'avant le désastre, et lorsque je la revis cinq ans après, c'était une superbe cité d'un demi-million d'habitants, avec des maisons toutes neuves entièrement construites en pierres, aussi hautes que celles des boulevards de Paris, et d'une architecture somptueuse. Mais, depuis lors, Chicago a marché à pas de géant. J'ai rencontré autrefois à Chicago M. Catlin, célèbre par ses voyages parmi les tribus indiennes des deux Amériques. Il se souvenait du temps où il n'y avait sur le territoire actuel de cette Babylone que des marais et des prairies. Il racontait volontiers qu'un chef indien lui proposa de lui céder, pour quelques centaines de dollars, l'emplacement où devait s'élever Chicago. N'étant pas riche, il refusa l'offre de l'Indien. Il ne se doutait pas qu'il refusait la plus grande fortune que jamais homme eût pu réaliser. Depuis que je n'avais revu Chicago, sa population a monté d'un demi-million à deux millions d'habitants. Il est sans exemple que la population d'une ville de cette importance ait quadruplé en un tel espace de temps. Et l'on peut prévoir que la reine de l'Ouest éclipsera un jour sa puissante rivale, New-York. N'est-elle pas déjà le plus grand centre de voies ferrées de l'Amérique ? N'occupe-t-elle pas une des plus admirables situations commerciales du monde et ne communique-t-elle pas avec l'Atlantique par la chaîne des grands lacs et avec le golfe du Mexique par un canal qui l'unit au Mississipi ?

Cette métropole, où nous n'avions qu'une journée à passer, ne pouvait nous montrer toutes ses merveilles. Aussi la Société de Géographie de Chicago nous offrit-elle, à notre choix, trois objets entre lesquels se répartiraient trois groupes d'excursionnistes :

Premier groupe. — En chemin de fer aérien aux Stock-Yards et visite aux établissements Swift et Cie, de Libby et de Mac Neill et Libby. De ce groupe étaient exclus ceux d'entre nous qui avaient les nerfs trop excitables pour voir couler le sang d'innocents animaux.

Deuxième groupe. — En tramway aux grands établissements de Sears, Rœbruck et Cie, les plus importants magasins de gros du monde.

Troisième groupe. — A pied au grand magasin de détail de Marshall, Field et Cie, le plus vaste du monde; Rand, Mac Wally et Cie, le plus grand éditeur de cartes géographiques aux États-Unis; le bureau météorologique des États-Unis.

Je m'enrôlai avec le plus grand nombre dans le premier groupe d'excursionnistes. Chicago ne doit-elle pas sa grandeur et sa prospérité à l'industrie qui lui a valu le surnom de *Porcopolis*?

Les parcs à bestiaux et les abattoirs, avec leur armée de 27000 employés, sont toute une ville. Imaginez une colossale boucherie de plus de 200 hectares de superficie, sillonnés d'avenues, de voies ferrées et pourvus d'innombrables ascenseurs. Nous avons passé plus de deux heures au milieu de cet enfer, dont Dante n'a jamais eu la conception. Nous avons assisté au spectacle affreux du massacre et du dépeçage des porcs. Un bourreau armé d'un perfide petit couteau, sans entendre leurs cris d'angoisse, leur ouvre la gorge d'un coup sec au fur et à mesure qu'ils défilent devant lui, suspendus par la patte à la fatale tringle à poulie qui est leur dernier voyage. L'égorgeur les expédie à raison de 7 par minute, ce qui représente, pour une journée de huit heures, 4300 porcs par jour. Sous nos pieds coule un horrible fleuve de sang dont l'odeur nauséabonde est accentuée encore par une température de 3o degrés. La page d'*Outre-mer*, où Paul Bourget a décrit l'effroyable scène est saisissante de vérité. J'ai essayé, d'une plume plus modeste, d'en donner une idée dans *Un été en Amérique*. Et je passe. Ailleurs c'est l'abatage à coups de marteau des moutons et des bœufs. Le marteau est plus propre que le couteau, mais n'en est pas moins tragique.

Après ces affreuses scènes de boucherie, on nous a fait voir la fabrication par les femmes des millions de boîtes de conserve qui sont expédiées jusque dans les régions les plus reculées de l'univers, jusqu'au fond de l'Afrique centrale. Les femmes ont pour cette besogne un doigté spécial. Mais c'est un homme qui vérifie la fermeture des boîtes, mission qui exige un coup d'œil aussi rapide que minutieux. On nous offre à déjeuner dans l'un des nombreux réfectoires du colossal établissement. Si bien composé que soit le menu, on conçoit que l'appétit nous manque après le carnage que nous avons vu.

On nous mène ensuite à la Bourse des grains. Car si Chicago est le plus grand marché de viandes de l'univers, c'est aussi le plus grand marché de grains. La Bourse des grains est d'une animation invraisemblable. Rien ne peut donner l'idée de l'effroyable cacophonie produite par les cris les plus discordants. A raison de la différence de longitude entre les deux places, il est midi à Chicago lorsque le crieur y proclame le prix auquel le grain était coté à Londres le même jour à la même heure.

Ce que j'aime mieux que les bruyants spectacles de la Bourse et des Stock-Yards, ce sont les charmants environs de Chicago qui abondent en parcs aux délicieux ombrages. Les automobiles que la Société de Géographie avait mises à la disposition des excursionnistes nous ont fait parcourir rapidement ces parcs admirables, qui forment autour de la ville une ceinture d'ombrages presque continue, longue de plus de vingt lieues et d'un millier d'hectares de superficie. Là se trouvent les merveilleuses villas de l'aristocratie américaine. Car l'Amérique démocratique a son aristocratie, celle de la richesse.

La journée de Chicago se termina par un banquet de plus de cent couverts offert par la Société de Géographie de Chicago dans les salons de l'University Club. Après le toast de bienvenue de M. Cowles, président de la Société, il y eut un déluge d'autres toasts, et ce fut le sympathique explorateur Martel qui s'acquitta brillamment de la mission de répondre en anglais au nom des délégués français et des invités étrangers.

Je quittai à Chicago le train spécial où je venais de passer cinq journées charmantes, avec l'immense regret de ne pouvoir poursuivre jusqu'au bout ce gigantesque voyage de plus de 12000 kilomètres à travers toute l'Amérique. Et le lendemain je pris solitairement le train rapide (limited) qui me fit franchir les 1500 kilomètres de Chicago à New-York. Le voyage me parut bien mélancolique après les heureux jours que je venais de passer en savante et aimable société d'hommes éminents de toutes les parties de l'Amérique et de l'Europe. Et je songeais non moins mélancoliquement au terrible déraillement qui, l'avant-veille, avait fait tant de victimes sur cette même route, suivant le récit de mon voisin du *dining-car* qui se lamentait d'y avoir perdu un frère. La catastrophe n'avait eu d'autre cause que la vitesse excessive du train le plus rapide de l'Amérique, qui franchit en dix-huit heures la distance de Chicago à New-York, comparable à celle de Paris à Rome.

CHAPITRE III

L'Ile Palma

Si vous demandez où est l'île Palma, la plupart des gens seront fort en peine de vous répondre. Les uns la confondront avec Las Palmas, dans la Grande Canarie, d'autres avec Palma de Majorque, d'autres avec quelque autre île de quelque lointain archipel. Sur trois personnes qui ont appris la géographie, deux ignorent que l'île Palma est une des îles qui forment le groupe des Canaries. Une petite île, longue de dix lieues, large de six, peuplée de 40 000 âmes à peine. Si elle est peu connue, c'est qu'elle n'est pas, comme Ténériffe et Las Palmas, sur le passage des grands paquebots. Quoique dédaignée, elle n'en est pas moins la perle des Canaries. Quoique petite, elle a les plus hautes montagnes de l'archipel après Ténériffe, des montagnes dont les crêtes sont couvertes de neige pendant une partie de l'année. D'origine volcanique, elle peut s'enorgueillir de posséder le plus grand cratère de soulèvement du monde entier, que la langue imagée des insulaires désigne sous le nom de *Gran Caldera,* en espagnol « la Grande Chaudière ». Pour vous représenter l'île Palma, coupez une poire en deux dans sa longueur, et posez-en une des moitiés à plat sur une table, de façon que la tête soit orientée vers le nord et la pointe vers le sud. Creusez-la profondément, et le cœur représentera la Gran Caldera. Vous aurez ainsi le relief de l'île.

Lors de mon premier voyage aux îles Canaries [1], il n'existait pas encore de service de navigation à vapeur entre Ténériffe et les autres îles de l'archipel. C'est ainsi que je ne pus visiter l'île Palma. Je ne la vis que de la cime du pic de Ténériffe, d'où la vue porte à cent lieues de distance. Je distinguai parfaitement les sommets des îles Palma, Gomera et Hierro, comme des écueils perdus au milieu de la mer de nuages, d'une blancheur de neige, qui s'étendait à 2 000 mètres sous mes pieds. A l'heure où le soleil levant sortait de cette mer, je

1. *Voyage aux îles Fortunées. Lettres de Ténériffe.* Paris, Plon.

vis, spectacle merveilleux, l'ombre gigantesque du pic se projeter à l'occident sur Gomera, affectant la forme d'un triangle isocèle de la plus parfaite régularité, et mesurant neuf à dix lieues de la base au sommet. Cette ombre se rapprochait à mesure que montait le soleil. Elle se confondit bientôt avec la base du pic et finit par s'évanouir devant la lumière triomphante. J'ai gardé de ce tableau grandiose la vision nette. L'île Palma, dont j'avais aperçu les cimes à l'horizon, m'a toujours hanté depuis lors comme une île de rêve. C'est dans le seul but de voir de près la Gran Caldera que je m'embarquai pour les Canaries qui m'avaient laissé un de mes meilleurs souvenirs de jeunesse.

Le 10 août, je débarquais à Santa-Cruz de Ténériffe, où j'appris qu'un petit vapeur devait partir dans trois jours pour Santa-Cruz de la Palma. Car il y a deux Santa-Cruz comme il y a plusieurs Palma, en sorte qu'on ne s'y retrouve plus. Comme Santa-Cruz de Ténériffe est une atroce fournaise au mois d'août, je passai ces trois jours dans l'adorable vallée d'Orotava, dont j'avais gardé un si charmant souvenir.

Le 13 août, à huit heures du soir, je m'embarquai sur le *Castillo y Leon*, petit vapeur minuscule où nous n'étions que deux passagers. Il soufflait ce jour-là un terrible vent d'Afrique qui amenait jusqu'aux Canaries les sables du Sahara, si bien que le pont du vapeur en était couvert. A peine fûmes-nous au large que la mer prit une allure de tempête et secoua notre petit bateau comme une coquille de noix. Les gros paquets de mer qui tombaient sur le pont me chassèrent dans la cabine où j'eus une nuit blanche sur mon étroite couchette. A mon grand regret, je ne pus saluer de la mer le phare d'Anaga, où je passai jadis une nuit dont je me souviendrai toujours.

Le lendemain, à six heures du matin, j'étais sur le pont après cette traversée mouvementée. Et déjà m'apparaissait l'île Palma comme un nid de verdure surgissant brusquement de l'océan. Le débarquement ne fut pas moins dramatique que la traversée. La ville de Santa-Cruz est au fond d'une petite baie exposée à tous les vents. Il y a bien un môle en construction, mais en attendant qu'il soit achevé, les passagers doivent se confier à une petite baleinière qui, par une grosse mer, se livre à une dangereuse sarabande : comme la vague la porte tour à tour à deux mètres au-dessus ou au-dessous de la dernière marche de l'échelle du bord, c'est un exercice d'acrobatie de saisir le moment psychologique pour sauter dans l'embarcation. L'accostage se fait à dos d'homme, de la même façon que j'accostai autrefois sur les plages désertes du Spitzberg. Au moment où les hommes se disposent à nous enlever, surgit une lame qui nous mouille jusqu'aux os. Je me demandais comment débarqua Alphonse XIII lors de sa réception à l'île Palma : il eût été, en effet, peu décent de le débarquer comme nous. On me raconta qu'on construisit pour le roi un môle en bois, qui n'eut pas une longue existence dans cette baie ouverte aux tempêtes.

Enfin me voici à terre. Un indigène me conduit à la fonda Aridane, l'unique hôtellerie de la ville, qui, installée dans une vieille demeure seigneuriale, possède un escalier somptueux. Mais, splendeur et misère, on ne peut imaginer la pauvreté et la saleté de ce gîte, dont il faut bien se contenter à défaut d'autre.

Débarquer dans une île lointaine est une des impressions les plus séduisantes que puisse éprouver un voyageur avide de nouveauté. Cette île Palma, presque aussi isolée du monde que Tahiti, a tout l'attrait de l'inconnu. Sa minuscule capitale est beaucoup plus pittoresque que son homonyme Santa-Cruz de Ténériffe. On y rencontre encore de vieilles façades fort artistiques et des habitations qui ont dû être autrefois de luxueux palais; mais elles sont aujourd'hui dans un lamentable état de ruine et de délabrement : c'est la décadence d'une cité qui déclinait déjà il y a un siècle, alors que Viera y Clavijo pouvait écrire que Santa-Cruz, qui a donné le jour à des célébrités et fut autrefois si florissante, était tristement déchue de son ancienne splendeur. La ville, dont quelques ruelles escarpées escaladent les flancs de la montagne, ne forme en réalité qu'une longue rue qu'on est assez surpris de voir porter un nom irlandais, O'Daly. C'est que beaucoup d'Irlandais ont émigré ici, de même que dans les autres îles de l'archipel, et ont mêlé leur sang celte au sang espagnol. Plus d'un Irlandais a dû être séduit par la situation charmante de la ville, à l'extrémité d'une vallée qui fait face à la mer, et que domine un de ces cratères éteints qu'on rencontre partout dans cette île volcanique. La rue O'Daly est traversée par deux ravins qu'on franchit sur des ponts qui tombent en ruine. La place de la Constitution est ombragée de trois beaux palmiers plantés devant l'Ayuntamiento. Cet hôtel de ville, avec son antique escalier de pierre, est un intéressant édifice du seizième siècle, érigé à la place de celui qui fut brûlé avec les archives en 1553, lorsque le corsaire français Sombreuil attaqua la ville avec sept cents hommes. L'église San-Salvador, qui se dresse en face avec sa tour et son portail, possède un curieux plafond, une chaire richement sculptée, de somptueuses stalles en bois, et quelques vieux tableaux. Le plus grand édifice de la ville est la *Galleria,* que j'avais pris de loin pour un cirque de taureaux, mais qui, en réalité, est destiné aux combats de coqs, spectacle qui fut offert au roi d'Espagne lors de son voyage à l'île Palma. J'ai eu grand'peine à me faire ouvrir le musée, installé dans une misérable grange dont personne n'avait la clef : on finit par la découvrir chez le conservateur. En y entrant, j'ai failli être suffoqué par l'atmosphère nauséabonde des salles non aérées. Au rez-de-chaussée il y a une collection de quelques manuscrits, entre autres l'histoire des Canaries de Viera y Clavijo. A l'étage se trouvent quantité de crânes des anciens Guanches, des ossements, des pieds, des mains munies de leurs ongles, quelques ustensiles, entre autres les moulins dont se servaient les insulaires pour moudre le *gofio*, des chapeaux de paille en forme de mitres, qui recouvraient les crânes.

Ceux qui aiment les sérénades seront enchantés de passer une nuit à Santa-Cruz. Jusqu'à l'aube j'ai entendu passer sous ma fenêtre des chanteurs s'accompagnant de la guitare. Les habitants de Santa-Cruz y sont si habitués que cela ne trouble pas leur sommeil.

Palma est, de toutes les îles de l'archipel, celle qui a le mieux conservé son ancienne originalité. On rencontre encore dans les ruelles de Santa-Cruz les curieux costumes d'autrefois. Les paysans se coiffent de la *gorra* ou de la *montera*, sorte de bonnet fabriqué avec la laine des moutons noirs du pays, qui laisse flotter sur les épaules un pan garni de flanelle rouge. Les habitants du nord de l'île et ceux du sud offrent un type tellement différent qu'il semble qu'ils n'appartiennent pas à la même race. Le petit chapeau rond, fait avec la moelle du palmier, si commun chez les habitants du sud, ne se voit pas dans le nord. La population de l'île est industrieuse. La laine, les amandes, les fruits en conserve, sont les principaux articles d'exportation. L'île fait un commerce régulier avec

Cuba, où émigrent beaucoup de ses habitants. Dépeuplée au seizième siècle par les Espagnols, Palma reçut une colonie de Flamands dont il subsiste encore des traces dans la population.

La principale attraction de l'île Palma est la *Gran Caldera.* Pour s'y rendre de Santa-Cruz, il faut traverser l'île de l'ouest à l'est, franchir la *Cumbre* ou chaîne centrale qui la coupe du nord au sud, et gagner Los Llanos, village situé dans le district oriental, au pied des pentes qui mènent au cratère. En vue de cette expédition, j'ai pris des arrangements avec un muletier du nom de José Maria. Par un glorieux soleil matinal, je monte avec lui en selle à huit heures. Les mules, d'une blancheur de neige, gravissent les pentes rapides de vieilles rues étroites et tortueuses, et nous mènent promptement hors de la ville. Bientôt nous dominons de haut la mer encore démontée. L'adorable paysage ! Dans les *barrancos* que nous traversons éclate la splendeur des palmiers. Nous nous élevons rapidement vers la montagne, évitant les innombrables lacets que décrit le « camino real », nom pompeux par lequel les indigènes désignent la grande route qui traverse l'île. Ma mule s'effraie à la vue d'un cycliste qui débouche inopinément à un détour de la route : elle fait un écart formidable, et c'est à grand'peine que je parviens à l'arrêter dans sa fuite emportée. Un peu plus loin, nous rencontrons deux taureaux dont l'un devient subitement furieux à la vue de mon casque indien qui fait l'étonnement des indigènes. Il fond droit sur moi, et je ne sais ce qui serait arrivé si son conducteur ne s'était jeté au-devant de la brute. José, encore tout ému de l'incident, engage avec moi une conversation en castillan, au cours de laquelle il m'accable de questions indiscrètes. Il me demande qui je suis, d'où je viens, où je vais, et veut savoir quel est le nombre de mes enfants et de mes années. Sur ma réponse à ce dernier point, il me déclare sans détour qu'il m'en donnait davantage. Et la scène amusante de Gil Blas de Santillane et de l'aubergiste Corzuelo me revient en mémoire : je la revois prise sur le vif. Depuis Lesage, l'Espagne n'a pas changé.

Délivrés des taureaux et des cyclistes, nous montons à travers des bois enchanteurs, où dominent le figuier, le houx, le châtaignier et le laurier. A errer ainsi au milieu de délicieux paysages, je me rappelle mes belles chevauchées du Mexique. Je n'ai nul besoin de conduire ma mule : elle prend

TÉNÉRIFFE. — Une laitière.

Canarien en costume de fête.

d'elle-même tous les raccourcis. J'avais déjà remarqué cette mémoire des mules lors de mon ascension du pic de Ténériffe.

Vers dix heures, nous faisons halte à la *venta* de Buena-Vista, où mon guide se régale de *gofio*. Cet aliment substantiel, qui remplace le pain, est une sorte de farine torréfiée, de blé, d'orge ou de maïs, préparée suivant la méthode des anciens Guanches en broyant la graine à l'aide d'un moulin à main en pierre de lave, et en y ajoutant de l'eau et du sel : on obtient ainsi une pâte assez indigeste, que les indigènes mangent avec les doigts.

Comme nous nous élevons de plus en plus, le laurier disparaît pour faire place à la bruyère qui atteint ici des proportions gigantesques. Le chemin n'est plus qu'un affreux sentier taillé dans des roches volcaniques qui dépassent en sauvagerie tout ce que j'ai vu dans les autres îles de l'archipel. Après trois heures de marche, nous atteignons la *Cumbre Nueva*, point culminant (1 137 mètres) d'où l'on découvre un immense panorama embrassant toute la contrée qui s'étend de Mazo au mont Mirca. La ville de Santa-Cruz n'est plus qu'un petit village couché au bord de la mer. Au sud, dans la direction de Las Manchas, surgissent la

Cumbre vieja et le volcan de Tacando, qui émit un torrent de lave en 1585. On reconnaît aussi une autre coulée de lave, beaucoup plus ancienne, descendue du même cratère, et envahie par une épaisse végétation. De ce point élevé nous dominons une mer de nuages d'où émergent comme des îlots, dans un prodigieux éloignement, les cimes de Ténériffe, de l'île de Fer et de l'île Gomera, où relâcha Christophe Colomb avant de lancer ses caravelles vers le nouveau monde. Cet admirable spectacle me rappelle celui que j'ai contemplé du haut du pic de Ténériffe. Les nuages les plus rapprochés affectent la forme de montagnes ballonnées, tandis qu'à l'extrême horizon c'est comme une plaine de neige. Et sous cette mer vaporeuse s'étend l'océan que je viens de traverser. A l'opposite s'ouvre la vallée toute ensoleillée qui se développe à une infinie profondeur sous nos pieds, et au bout de laquelle sont disséminés les villages de El Paso, Los Llanos, Argual et Tazacorte. Au nord-ouest surgissent les escarpements de la chaîne du Timé qui dominent le *Barranco de las Angustias*, dans la direction de Garofia. Droit au nord, la brèche de la *Cumbrecita* laisse entrevoir l'intérieur de la *Gran Caldera*, dominée par le plus haut pic de l'île, le *Roque de los Muchachos.*

Je me suis arraché à regret à cette contemplation pour entreprendre à pied la descente sur l'autre versant. Le chemin que nous avons à suivre se déroule comme un ruban gris. Le paysage prend un tout autre caractère. Les lauriers, les houx, les châtaigniers ont disparu pour faire place aux pins qui atteignent des proportions énormes. A midi, nous nous reposons sous un pin gigantesque. Contemporain de la conquête, ce pin fit l'admiration des soldats d'Alonso de Lugo. Sous son ombre s'abrite un petit sanctuaire vénéré dans le pays sous le nom de Piño de la Virgen. Ce sanctuaire reçoit de nombreuses offrandes, et un tronc est déposé aux pieds de la Vierge. La grandiose avenue qui y donne accès est la propriété du gouvernement. Défense est faite d'abattre les arbres avant qu'ils ne soient touchés par la mort. Près de la chapelle jaillit une de ces sources si précieuses dans ce pays de la chaleur et de la soif.

Les innombrables aiguilles de pin qui jonchent le sol donnent infiniment de mal à la descente, en faisant trébucher mules et piétons. Les indigènes se préservent des glissades en portant des semelles de feutre. Avec mes semelles de cuir, je fis de nombreuses chutes. J'éprouvai un grand soulagement lorsque nous atteignîmes enfin la plaine, où les pins font place aux orangers et aux amandiers.

A une heure, nous sommes au petit village de El Paso où nous nous arrêtons dans une misérable *venta* en bois, infestée de légions de mouches, et d'une inénarrable saleté. Nous n'y trouvons que des œufs gâtés, du fromage et du lait de chèvre. Une eau excellente, amenée de la Caldera par des tuyaux exposés à l'air, nous semble meilleure que le médiocre vin du pays. J'ai trouvé à El Paso de jolis mouchoirs fabriqués avec la soie du pays et de curieux objets en bois de mûrier.

Bientôt nous descendons dans la vallée d'Aridané. Il y avait près de huit heures que nous étions partis de Santa-Cruz quand nous arrivâmes à Los Llanos, terme de notre chevauchée. Los Llanos, où l'on passe la nuit avant d'entreprendre l'exploration, est un gros bourg de six mille âmes, qui n'a de remarquable que la grande place ombragée de gigantesques lauriers de l'Inde. Vrai village canarien, aux rues montueuses pavées de dalles de lave, aux maisons sans étage, à terrasses plates et à patios, aux murs blanchis percés de fenêtres à judas, type de village qu'on retrouve dans toutes les colonies espagnoles : j'en ai vu de pareils au Mexique. L'unique auberge, la fonda Ramos, n'a rien de bien séduisant. J'y suis accueilli par le señor Ramos en personne, qui me mène dans une chambre dénuée de tout, sauf de mouches et de vermine. La paille de l'unique chaise est trouée. L'hôte est si pauvre qu'il me prie de lui faire une avance sur la *cuenta*. Il faut tout demander, même l'eau du tub, et attendre patiemment une demi-heure. Pas moyen d'obtenir un citron pour calmer la soif. Et nous sommes au pays des citronniers !

Je dîne le soir avec un Catalan, ancien officier carliste qui s'est fait prêtre après avoir fait la guerre. La nappe trouée est si malpropre qu'il faut quelque courage pour faire honneur au potage, aux œufs mollets servis dans un verre sale, à la friture de poisson, et à l'inévitable *arroz à la valenciana*. Mon brave commensal se lance après le dessert dans une interminable dissertation sur les lois de la physique. Il se vante d'avoir trouvé le mouvement perpétuel, le *movimiento perpetuo*. J'ai appris par la suite qu'il a le cerveau dérangé, et que sa douce manie est connue dans tout le village.

Los Llanos est le meilleur point de départ pour la Gran Caldera. A cinq heures du matin, je suis debout pour cette expédition qui prend toute une journée. Pendant que José selle les mules, je déjeune d'une tasse de café. Et nous partons par une aube splendide, dans laquelle les montagnes se profilent avec une admirable netteté. Bien que le soleil ne soit pas encore levé, les cimes en sont déjà tout illuminées. A peine sortis du village, nous nous engageons dans les curieux chemins creusés à travers les anciennes coulées de lave qui ont inondé les plaines auxquelles Los Llanos doit son nom. Au bout d'une demi-heure, la terre se dérobe brusquement, sans transition. Nous nous trouvons subitement au bord d'une gorge effroyable, aux parois verticales, au fond de laquelle se tord un torrent, mais si loin et si profondément creusé qu'on peut à peine le distinguer. C'est le Barranco de las Angustias (Ravin des Angoisses). Dans la langue imagée des Espagnols, les noms peignent les choses. Et j'éprouve, en effet, un sentiment d'angoisse à la vue d'un sentier si dangereux qu'il faut mettre pied à terre et descendre, en traînant les mules le long des parois de cette gigantesque crevasse volcanique dont rien ne peut donner une idée. Descendre quelques centaines de mètres quand il s'agit de monter au cratère de la Gran Caldera, quelle perspective ! Cette descente à pic, par d'innombrables zigzags, vers le torrent qui se tord au fond du gouffre, est pour les amateurs d'émotions et de casse-cou. Le torrent, presque à sec en été, a, en hiver, des crues énormes qui laissent des traces visibles sur les parois de la gorge. La muraille vertigineuse à laquelle nous nous collons comme des fourmis est encore dans l'ombre, tandis que le soleil frappe la paroi opposée, et que la lune se montre à son dernier quartier.

A mi-chemin de cette descente fantastique, nous rencontrons une rigole artificielle où est recueillie l'eau pure des hauteurs. *Mucha agua! Mucha agua!* (Beaucoup d'eau !) s'écrie mon guide enthousiaste. L'eau, en effet, est un précieux trésor dans cette île où les rares sources sont indiquées par un signe sur les cartes. Le chemin court à travers les laves, les ponces et les lapilli, et se transforme souvent en une tranchée ou un tunnel.

L'interminable descente nous mène au bord du torrent que nous franchissons à gué en sautant sur les galets qui en encombrent le lit. Au fond du

Barranco se développe une vigoureuse végétation de cactus qui ajoute à l'étrangeté de ce paysage d'apocalypse.

Ayant franchi le torrent, nous remontons en selle pour entreprendre la longue ascension vers le cratère. Les mules ont le travail le plus dur qui se puisse imaginer : elles doivent faire de formidables enjambées pour grimper sur les blocs de lave, et c'est miracle qu'elles ne se rompent pas le cou. Aussi s'arrêtent-elles tous les dix pas pour reprendre haleine ou pour arracher en passant une branche de cadasaste ou une touffe d'herbe sèche. Ces bêtes résistantes se contentent de peu. Au milieu de ce paysage d'une sublime horreur, je ne puis me lasser d'admirer les merveilleux effets de lumière que produisent les rayons du soleil en se diffusant du haut des cimes. C'est un des plus beaux spectacles que j'aie jamais vus dans les montagnes. Rien de plus frappant que le contraste entre ce lumineux phénomène solaire et l'aspect infernal de l'abîme que nous dominons.

Les mules ne mettent pas moins d'une heure et demie à gravir en plein soleil la formidable muraille occidentale du Barranco. Cette muraille est criblée de milliers de cavernes qui servent de retraites à des légions de corneilles aux croassements sonores. Bientôt il nous faut attacher les mules qui ne peuvent aller plus loin, à cause des aiguilles de pins rendant le terrain glissant. Il est près de dix heures quand nous avons atteint la pointe de Tenero, où nous campons à l'ombre des pins.

Du haut de ce promontoire situé à l'entrée de la Caldera, à 1 112 mètres d'altitude, nous embrassons le cratère dont l'incomparable grandeur donne l'impression d'être transporté dans une autre planète. Je vivrais cent ans que je n'oublierais pas le paysage dantesque que j'avais devant les yeux. Qu'on se figure un immense cirque, autour duquel se dressent une armée de pics, que commande comme un suzerain le Pico de los Muchachos (2 343 mètres). Les autres, le Pico de la Cruz, le Pico del Cedro, la Cumbrecita, le Pico de Alejanado, surgissent en face, à une hauteur double de celle de notre observatoire. Le cirque de Troumouse, le plus grand des Pyrénées, n'atteint pas les dimensions de cet amphithéâtre. Les parois, sauf du côté nord, où elles sont trop escarpées, sont couvertes d'une luxuriante végétation de pins, dont la sombre verdure contraste avec le bleu de l'océan. L'œil se réjouit de cette note gracieuse dans la sauvagerie.

Quel silence plane sur cette vaste enceinte ! Le seul indice de vie est le croassement du corbeau. C'est un silence d'un calme profond, non pas ce silence formidable et effrayant que j'ai rencontré dans les déserts de lave de l'Islande, mais la paix délicieuse qui règne après les grands bouleversements terrestres. Quelle tranquillité, quel repos après les grandes catastrophes ! S'imagine-t-on ce que dut être cet immense foyer ardent lorsque à la fin du seizième siècle (1585), il déversa dans la mer un torrent de lave qui fit périr les poissons et dont le bruit remplit de terreur les habitants des îles voisines ! Si la fournaise n'a plus donné de signes d'activité depuis 1677, ne se réveillera-t-elle pas un jour ? Les anciens habitants qui furent témoins de sa colère en étaient si frappés qu'ils croyaient que c'était une de ses puissantes éruptions qui avait vomi le pic de Ténériffe visible à l'horizon. Les dimensions de cette enceinte sont si colossales que c'est comme un district à part qui possède une température propre, différente de celle du reste de l'île.

Il n'existe pas à la surface du globe terrestre un

cratère de soulèvement d'une pareille étendue. L'imagination a peine à concevoir la puissance de l'explosion qui le fit surgir à cette hauteur. Qu'on se représente un gouffre d'un diamètre de 7 à 8 kilomètres, d'une profondeur d'environ 2000 mètres ! Une effroyable déchirure se produisit pendant l'éruption, et ce fut l'origine de la profonde gorge qui descend du cratère à la mer, le Barranco de las Angustias. On ne peut affirmer en toute certitude que cette gigantesque chaudière ait été formée par plusieurs cratères ; mais il y a de fortes raisons de croire que le Barranco de las Angustias et la Cumbrecita sont le résultat d'une série d'éruptions postérieures aux formidables phénomènes volcaniques qui donnèrent naissance à la Gran Caldera. Les murs d'enceinte sont de roche basaltique, mais dans l'intérieur du bassin on trouve des roches qu'on ne rencontre guère aux îles Canaries.

C'est à la dénudation qu'est due la profondeur actuelle du cratère. La coulée de lave de la Caldera fut probablement détournée par le Timé, le long du Barranco de las Angustias, et fut ensuite minée par le travail des eaux. A mesure que s'approfondissait le lit du torrent, la quantité de matériaux enlevés au cratère augmentait progressivement, et le cratère s'approfondissait, si bien que les cavernes qui servaient d'habitations aux anciens habitants sont devenues inaccessibles. Ces cavernes sont encore visibles à une certaine hauteur, au-dessus des amas de décombres accumulés à la base des murailles.

Le cratère est sillonné de profonds ravins où s'épanouissent des forêts de pins. Les aiguilles de pin qui jonchent le sol sont très inflammables. Ayant eu l'imprudence de jeter par terre un bout de cigare, je vois mon guide inquiet se mettre immédiatement à sa recherche, mais sans succès. Nous déjeunons sous un pin par 30° à l'ombre et 53° au soleil. C'est une plus haute température que celle que j'observai dans la Caldera de Ténériffe. A midi, mon bâton fiché en terre verticalement donne à peine un pouce d'ombre. Par cette chaleur accablante, nous nous laissons envahir par un lourd sommeil. Le soleil qui me chauffe les jambes me réveille bientôt, mais José continue à ronfler. Pendant qu'il dort, j'évoque le souvenir tragique des scènes qui se déroulèrent ici lors de la conquête. La Caldera fut la partie de l'île qui se rendit la dernière aux Espagnols. Elle fut héroïquement défendue par le prince de Tanausu. Il y avait, au centre du cratère, le rocher sacré d'Idafé. D'après une légende, la chute du rocher devait annoncer la conquête de l'île par les étrangers. Aussi les insulaires ne passaient-ils qu'en tremblant au pied du monolithe. Ils lui apportaient des offrandes pour qu'il ne tombât point, et ils lui sacrifiaient des animaux. Lors de la lutte suprême, le rocher tomba sur les héroïques défenseurs et leur servit de sépulture. Telle est la romantique légende de la Caldera. Sur le dernier point, elle est contredite par l'histoire. Tanausu fut pris vivant pour être emmené en Espagne comme prisonnier; mais il préféra se laisser mourir de faim pendant la traversée. Que le nom de Tanausu soit glorifié!

Le moment est venu d'opérer la descente. Je jette un dernier regard sur le cratère géant, pour en garder à jamais les traits dans les yeux et dans l'âme. Il faut avoir vu la Caldera, l'un des plus émouvants spectacles de la nature, pour s'en faire une idée qui réponde à la réalité. C'est quelque chose d'à part, qui ne ressemble à rien de ce que l'on peut voir sur le globe terrestre. Il est impossible d'en donner l'impression à qui ne l'a vu, comme il est impossible de l'oublier jamais quand on l'a contemplé.

La descente doit s'effectuer à pied, car il ne peut être question de descendre à dos de mulet cette infernale région de précipices où le moindre faux pas serait fatal. Nous voici donc dévalant, à l'heure la plus chaude du jour, à travers les laves, les ponces, les bombes volcaniques. Nous sommes dévorés d'une soif atroce. Les yeux sont brûlés par la réverbération du soleil sur les cendres où végètent des cactus. De loin en loin, un pin dans lequel siffle un vent brûlant comme le simoun. Bientôt réapparaissent les figuiers dont nous mangeons avidement les fruits pour calmer la soif.

Après trois mortelles heures de marche pédestre, nous atteignons enfin le fond du terrible Barranco. Les mules s'y abreuvent longuement aux eaux du torrent dont elles semblent goûter comme nous la douce musique. Nous nous reposons à l'ombre d'un figuier pour laisser refroidir les selles des mules, que le soleil à échauffées à les faire éclater. Les pauvres bêtes manifestent leur contentement en se roulant dans le sable et en se livrant à mille cabrioles. Nous remontons en selle pour gravir les parois abruptes du Barranco, et nous arrivons les reins brisés à la fonda Ramos, où nous nous plongeons dans les délices du bain.

A l'heure du dîner, je fais la connaissance d'un nouvel hôte, dont l'intarissable faconde me rappelle la *inestancable habladuria* d'un personnage de Gil Blas. Il m'accable de questions sur ma personnalité, ma nationalité, le but de mon voyage, etc. Il se lève pour prononcer un grand discours dans lequel il manifeste son admiration pour la noble Belgique, qu'il prend pour une république, ce qui lui offre l'occasion d'affirmer ses ardentes convictions républicaines. A entendre ce flot d'éloquence, je lui demande s'il est avocat. — *No, señor, soy un musicante. — Qué es su instrumento? — Yo soy jefe de orquesta.* J'ai su par José que ce bouillant chef d'orchestre avait le cerveau dérangé, tout comme le chef carliste. Décidément, je suis tombé dans l'île des fous. Serait-ce un soleil trop ardent ?...

Le lendemain, fête de l'Assomption. Je voudrais en profiter pour quitter cette posada infestée de vermine et dont la cuisine est atroce. Mais don José se refuse à seller les mules, sous le prétexte qu'elles sont fatiguées et qu'il y a à Las Angustias une procession qui doit attirer un grand concours de monde. A cause de cette procession, il n'y a de messe nulle part, pas même à El Paso, dont le curé doit se rendre à la fête. Je donnerais bien l'île Palma pour une messe. Je me souviens alors du curé carliste qui loge à l'auberge. Sur mes instances, il s'engage à célébrer la messe à l'église de Los Llanos. En attendant l'heure, je m'assois sur un des bancs en pierre qu'ombragent les immenses lauriers de l'Inde de la place de la Constitution. Un indigène plein de solennité vient me tenir compagnie. J'ai tout de suite deviné que c'est un haut fonctionnaire. *Soy el alcalde,* me dit-il. Comme je me risque à lui demander s'il m'accompagne à la messe, le personnage me répond qu'il n'en a pas envie ce jour-là. *Tenemos mucha indeferencia en materia de religión.* Qui se serait attendu à rencontrer un Homais chez un alcade d'une petite île perdue ! Sur ma question : « Avez-vous des socialistes ? » il me répond non, ce qui ne concorde guère avec le fait qu'à Santa-Cruz s'imprime un journal, *Germinal.* Comme nous causons, je vois entrer dans l'église quelques femmes aux toilettes multicolores, bleu pâle, havane, jaune, quelques-unes portant la gracieuse mantille espagnole. Je n'ai jamais su à quelle

TÉNÉRIFFE. — Santa-Cruz.

Icod, village canarien.

heure commença l'office divin. Quand l'alcade m'avertit que c'est le moment, on sonne l'élévation. A cette messe assistent quelques dames, mais pas d'autre homme que le sacristain. Sommes-nous en pays espagnol ? Ou bien toute la population est-elle courue à la fête ?

J'ai fait, l'après-midi, une adorable promenade pédestre. J'ai gagné tout d'abord le petit village d'Argual, que domine la Montaña Redonda, où abondent les bombes volcaniques. Les ravins sont criblés de ces petites cavernes où résidaient les anciens Guanches. Puis j'ai gagné le port de Tazacorte, situé sur la côte orientale de l'île, au débouché du Barranco de las Angustias. C'est dans ce port que débarquèrent, en 1490, les Espagnols sous la conduite de Fernandez de Lugo.

Le lendemain, il faut refaire la longue route de Los Llanos à Santa-Cruz. Nous montons de bonne heure sur les mules, qui gagnent d'un pas alerte El Paso, où nous arrivons à l'heure du déjeuner. Don José raconte aux indigènes tous les détails de notre expédition à la Caldera. Ceux-ci, à leur tour, lui donnent les dernières nouvelles de Santa-Cruz. Le *correo* vient d'arriver, le bateau de Cuba arrivera demain. Ce sont là les grands événements qui alimentent la conversation de ces insulaires. Lorsque je voyageais chez les insulaires de l'Islande, c'étaient les mêmes interminables bavardages.

Au delà d'El Paso, nous rencontrons les deux taureaux qui m'ont inquiété l'autre jour et qui, de nouveau, font mine de foncer sur l'étranger. Je ne les évite qu'en lançant ma mule au galop. Nous entrons bientôt dans la forêt de pins dont les aiguilles glissantes nous ont donné tant de mal à la descente. A la montée, c'est l'affaire des mules qui s'en tirent très bien. Un vent terrible fait siffler les aiguilles des grands pins comme des cordes de violon. Par deux fois ce vent emporte mon chapeau. Le thermomètre est tombé subitement de 20 degrés. Le frileux José s'emmitoufle dans sa nouvelle capa dont il a fait emplette à la fête de Las Angustias. Les nuages, chassés par le vent qui souffle du revers de la montagne, se rabattent sur la pente où nous sommes et s'y déployent en nappe, formant comme une immense cataracte d'une incomparable beauté. Comme nous montons toujours, nous sommes bientôt dans le nébuleux Niagara, où de larges gouttes d'eau tombent du haut des arbres. Au bout de trois heures de marche, nous atteignons le col, d'où nous contemplions l'autre jour l'île entière. Aujourd'hui, l'horizon est complètement bouché. Mais quelle joie d'en avoir fini de cette périlleuse escalade, où ma mule s'obstinait à marcher au bord d'invisibles précipices et à frôler les arbres à épines ! Laissant les mules, nous entreprenons la descente à pied sur le versant occidental de la Cumbre, où nous dégringolons par de rudes escaliers de lave. Je n'ai pas compté le nombre de chutes que j'y ai faites sur les perfides aiguilles de pin dont se moque don José avec les semelles de feutre en usage dans le pays.

Lorsque nous atteignons le relais de Buena Vista, je constate avec stupeur que le thermomètre est tombé à 13 degrés, le quart de la température que j'avais observée dans la Caldera. Le vent fait toujours rage, et c'est par une pluie diluvienne que nous faisons notre entrée dans la capitale de l'île et que les mules nous déposent à l'hôtel Aridana. Cet hôtel, installé dans une vieille demeure seigneuriale, possède un escalier digne d'un palais ; mais lorsque je pénètre dans la chambre où j'ai laissé ma malle fermée, je la trouve envahie par des blattes et autres vermines qui s'y sont installées en mon absence. L'atroce cuisine à l'huile me donne des crampes d'estomac. Pour les calmer, je demande du lait de vache frais. Il n'y a pas à en trouver en ville, parce que ce n'est pas le jour où les vaches sont amenées de la campagne. Je me souviens alors que j'ai une lettre d'introduction pour le señor Sotomayor, le plus important personnage de Santa-Cruz de la Palma. Je le trouve dans sa maison de la rue Santiago. Il m'introduit dans son bureau, au premier étage, dont les fenêtres donnent sur les vagues bleues de l'Atlantique. Il faut croire que la population est indifférente à cet admirable spectacle, puisque toutes les maisons tournent le dos à la mer, où n'aboutissent que d'ignobles passages bordés de murs en blocs de lave, qui reçoivent toutes les ordures et dégagent d'infectes émanations. Le señor Sotomayor, qui a d'importantes propriétés dans l'intérieur de l'île, m'apprend que ses ancêtres étaient Belges, et que son grand-père est mort à Anvers, l'an dernier. Lorsque je lui raconte l'histoire du lait de vache, il me conduit à son étable et me fait traire un verre de lait qui me procure un soulagement immédiat. Non content de m'offrir ce délicieux breuvage chez lui, le bon Samaritain donne l'ordre d'en envoyer un pot à la fonda. Tous les bienfaits viennent des Belges dans ce pays perdu : à Ténériffe le tramway électrique, à Palma les vaches laitières et la lumière électrique.

Le lendemain, je me suis embarqué pour Ténériffe sur le *Leon y Castillo* qui devait faire escale à l'île Gomera. L'embarquement fut aussi dramatique que l'avait été le débarquement. La vague était encore plus grosse. Mais comme c'était marée basse, je ne fus pas cette fois porté à dos d'homme. Une nacelle gisait sur des galets à sec, d'où de vigoureux insulaires aux jambes musculeuses la poussèrent sur le flot. Nous arrivâmes, non sans avoir reçu quelques paquets de mer, au pied de l'échelle du bord, où de solides bras hissèrent les femmes d'abord, et puis les hommes, sur le pont du petit vapeur qui dansait comme une coquille de noix sur une mer démontée. Restait à embarquer un cheval. On l'amena à la nage. Les vagues étaient si fortes que la tête de l'animal plongeait constamment dans l'eau et que l'homme qui, de la nacelle, le maintenait par la bride, avait grand'-peine à lui éviter un bain complet. Arrivé exténué sous le flanc du navire, il fut hissé à l'aide d'une grue, et quand on le descendit dans la cale, il heurta violemment de la tête le bord de l'écoutille.

Au martyre de la pauvre bête succéda le mal de mer.

Notre première escale est l'île de Hierro, où nous abordons après six heures de navigation sur une mer furieuse. De toutes celles de l'archipel, cette île est la plus inabordable. Les rochers se lèvent si abrupts du sein de la mer, qu'on ne peut édifier des villages sur le littoral. Valverde, la principale agglomération, est sur le plateau, à deux heures de la côte, et n'est accessible que par une route qui n'est qu'une informe piste cavalière. Comme il n'y a pas ombre d'hôtellerie, il faut camper sous la tente ou loger chez l'habitant. L'unique débarcadère est une petite crique protégée par des fragments de roches éboulées. Les figues sont le principal article d'exportation. A cause de l'état de la mer, le bateau s'est borné à déposer le courrier à l'aide de la baleinière.

Avant la découverte de l'Amérique, Hierro était regardée comme l'extrémité occidentale du monde. Elle est mieux connue sous le nom d'île de Fer, traduction du mot. La plupart des puissances adoptèrent son méridien à la suite d'une conférence convoquée par le cardinal Richelieu. Lors de l'arrivée des Espagnols, les pacifiques insulaires furent une proie facile pour les corsaires, qui les massacrèrent ou les firent prisonniers.

Cette île volcanique est absolument dépourvue de sources. Les habitants recueillent l'eau des pluies dans des réservoirs. Ils racontent que lors de l'arrivée des Espagnols il y avait, près de Valverde, un arbre nommé El Garoe, dont les feuilles distillaient assez d'eau pour abreuver toute la population. Pour se défendre contre l'envahisseur, les insulaires couvrirent cet arbre d'herbe sèche, si bien que les Espagnols, croyant que l'île n'avait pas d'eau, les laissèrent en paix et se disposèrent à remettre à la voile. Mais une insulaire, éprise d'un jeune Castillan, lui révéla le secret. Il s'ensuivit une déclaration de guerre, et un certain nombre d'indigènes furent emmenés en esclavage. Après le départ des Espagnols, la jeune femme fut condamnée à mort, ce qui ne s'était jamais vu chez cette paisible population. Quoi qu'il en soit de cette légende, l'arbre a disparu. Le vieux chroniqueur Abreu Galindo donne sur cet arbre merveilleux des détails fort circonstanciés. Mais, là où il voit un miracle, il n'y avait sans doute qu'un phénomène naturel. Selon toute apparence, l'arbre était un laurier qui recueillait l'humidité des brises de mer, tout comme « l'arbre du voyageur », que j'ai vu à Madagascar.

Six heures de navigation séparent Hierro de l'île Gomera. On débarque à San Sebastian de la même façon qu'à Santa-Cruz de la Palma. Cette petite capitale de 3000 âmes n'est qu'un village, dont la seule curiosité est la vieille église où Christophe Colomb entendit la messe. L'émouvant souvenir! On voit encore la maison qu'occupa l'amiral pendant le temps qu'il passa à San Sebastian pour y prendre de l'eau et des vivres. C'est le 7 septembre 1492 que l'illustre navigateur s'élança sur les mers inconnues, date que n'ont pas oubliée les habitants de San Sebastian.

Gomera, connue antérieurement sous le nom de Junonia Menor, est une petite île de six lieues de long sur cinq de large, qui n'a d'autres voies de communication que des sentiers de mulets. Avant la conquête espagnole, ses habitants s'appelaient les Gomerythes. Ils avaient coutume de communiquer d'un district à l'autre par des sifflements, et cette coutume existe encore chez les habitants actuels. Les habitants peuvent communiquer ainsi à une lieue de distance, et ce genre de langage est suffisamment riche pour entretenir une conversation et transmettre les nouvelles d'un bout à l'autre de l'île. C'est ainsi que lorsqu'un seigneur de San Sebastian veut visiter ses propriétés, son arrivée est signalée de ferme en ferme, et que les fermiers s'empressent de cacher une vache ou un cochon. Les meilleurs siffleurs dédaignent de se servir des doigts. Ils savent se faire comprendre par les nuances d'intonation et les variations d'intensité de deux ou trois notes. Un voyageur français, le Dr Verneau, qui avait recommandé à son guide de ne pas révéler sa qualité de médecin, fut trahi de cette manière, et fut assailli par tous les malades de l'île. Il paraît que cette coutume se retrouve chez une tribu qui habite les montagnes de l'Atlas.

De retour à Ténériffe, je m'embarquai pour l'Europe, heureux d'avoir vu les îles de l'archipel canarien que délaissent les touristes.

CHAPITRE IV

La Route de l'Orient

Le voyageur qui s'embarque à Trieste pour l'Orient devrait s'arrêter aux escales si intéressantes de la côte dalmate, au Monténégro, en Bosnie, et faire aussi le pèlerinage de Miramar. Ayant fait autrefois le pèlerinage de Quérétaro, où l'infortuné Maximilien subit un feu de peloton sur le Cerro de las Campanas, j'ai voulu voir le lieu d'où il partit pour sa tragique aventure. Après trois quarts d'heure de bateau le long de l'admirable côte de l'Adriatique, le château apparaît dans un site idéalement beau, d'où la vue erre sur la mer et les montagnes.

J'entre dans le vestibule, et tout de suite je lis sur la lanterne l'obsédante initiale M. Je parcours toutes les salles de ce palais féerique, qui est resté dans l'état où l'a laissé le maître disparu : la bibliothèque, ornée des bustes de ses poètes favoris, Homère, Dante, Shakespeare, Gœthe ; la chambre à coucher, fidèle reproduction de la cabine de la frégate *la Novara*, sur laquelle le vaillant marin parcourut les mers du monde ; le cabinet de travail, reconstitution du salon de la frégate ; la salle où l'archiduc reçut la députation qui lui offrit la couronne du Mexique, scène que représente un tableau du temps ; puis encore la salle du trône ; la chapelle, qui est une reconstitution de celle du Saint-Sépulcre ; les cabinets chinois et japonais. Et partout il me semblait voir errer l'ombre du prince-poète. Et partout me poursuivait la lettre fatale, cette lettre qui m'obsédait toujours lorsque je visitai, à Querétaro, la prison d'où partit le condamné pour marcher au supplice. Quand Maximilien quittait Miramar pour se faire couronner à Mexico empereur du Mexique, il ne savait pas qu'il serait un jour trahi par Marquez et fusillé avec ses trois fidèles généraux : Mendez, Miramon et Mejia.

Comme le bateau me ramenait de Miramar à Trieste, j'étais hanté par une pensée non moins obsédante. Si la destinée avait fait de Maximilien, non l'empereur du Mexique, mais l'empereur d'Autriche, il est infiniment probable que la guerre mondiale eût été évitée, car jamais ce prince chevaleresque, qui avait épousé une princesse belge, n'eût voulu s'associer au plus grand crime de l'histoire. De quoi dépend le sort des peuples !

Me voici à bord du *Sultan*, qui fait les escales de la côte dalmate, de Trieste à Cattaro. La mer est unie comme une glace. Nous côtoyons le ravissant littoral de l'Istrie. Notre première escale est Rovigno, le Rubinum des anciens, délicieuse petite ville aux ruelles étroites, dallées à la romaine, avec de naïves et adorables maisons peintes de toutes les couleurs de l'arc-en-ciel, des volets verts, des façades jaunes, rouges, bleues, percées de fenêtres à toutes les hauteurs, sans souci de l'alignement des étages. Des vieilles femmes d'un âge invraisemblable, des chats en quantité, qui font la chasse aux rats. La ville, perchée sur un mamelon, est dominée par un campanile vénitien, et ses maisons très hautes plongent à pic dans la mer. Tout ce pittoresque rappelle les villages de Majorque, avec une note plus colorée encore.

Avant de quitter la côte d'Istrie, nous touchons à Pola, l'ancien port de guerre de l'Autriche, que le traité de Versailles a attribué à l'Italie. Rome y a laissé une foule de souvenirs de sa domination, entre autres un grandiose amphithéâtre à trois étages, mieux conservé que le Colysée. Une partie des gradins y subsiste encore, avec la loge de l'empereur, et la corniche où l'on reconnaît les ouvertures par lesquelles passaient les bois soutenant le velum, et aussi les souterrains dont les conduits d'eau s'alimentaient à une grande distance. Mieux conservé encore est le ravissant petit temple d'Auguste, avec son portique de six colonnes corinthiennes.

Zara, qui se prononce à l'italienne Dsara, est la première ville de Dalmatie. Elle a une curieuse église byzantine construite au treizième siècle, au temps du doge Dandolo. Tout y rappelle la domination vénitienne. Sur la place s'élève une colonne romaine surmontée du lion ailé, qu'on voit reproduite sur les vieilles façades. Les habitants de Zara portent leur antique costume national aux couleurs vives, petite toque rouge, gilet rouge, culotte de laine bleue, chaussures blanches et rouges. Le marché matinal est des plus animés : tous les fruits du pays, oranges, pêches, poires, figues, voisinent avec les aubergines et les tomates. Zara n'a d'autre communication avec le monde que le bateau hebdomadaire. En parcourant ses rues, qui ont à peine deux ou trois mètres de largeur, on a l'illusion de vivre au temps des doges.

Au delà de Zara, le bateau fait mille détours au milieu d'un archipel extrêmement compliqué, aux roches grisâtres et incultes, qui rappelle les innombrables îles de la côte de Norvège. La ville la plus intéressante de la côte dalmate est Spálato, qui doit son nom au grand palais que Dioclétien s'y fit construire après son abdication. Ce sont des ruines colossales, qui évoquent le peuple-roi. Les murs, hauts de quarante mètres, supportent plusieurs superpositions de maisons. L'enceinte du palais contient, en effet, une grande partie de la ville moderne, et il paraît qu'il en était déjà ainsi du temps même de Dioclétien. Le temple du palais, consacré à Esculape, est dans un si admirable état de conservation, qu'on le croirait construit d'hier. Les colonnes corinthiennes, le plafond, la frise, tout est resté parfaitement intact. C'est un des rares temples de l'antiquité dont le temps ait respecté la toiture.

Nous approchons de Gravosa. Les montagnes se couvrent de verdure. Les cyprès qui abondent sur les pentes leur donnent un aspect sévère. Le navire s'avance dans un labyrinthe de détroits, et s'arrête devant Gravosa, qu'une route de voitures relie à Raguse. Cette route serait délicieuse sans la *bora*, violent vent du nord qui soulève des nuages de poussière, et sans la réverbération d'un ardent soleil. La végétation a un caractère semi-tropical : des aloès, des lauriers-roses chargés de fleurs éclatantes, des acacias, des pins maritimes et même des palmiers qui contrastent avec le vert sombre des cyprès. Du haut de la côte, de splendides échappées s'ouvrent sur la mer bleue tout inondée d'une lumière méridionale : un ravissant paysage napolitain.

Nous entrons dans Raguse par une porte qui date des croisades. Et nous voilà dans le Stradone, ancien bras de mer devenu la grand'rue, qui va d'une porte de la ville à l'autre, et où circulent dans leurs costumes nationaux des Albanais, des Dalmates, des Turcs, des Serbes, des Juifs. Quelle macédoine ! Les enseignes sont, les unes en italien, les autres en slave. Raguse doit être une charmante station d'hiver, quand la bora n'y souffle pas. Cette bora est le fléau de Raguse, tout comme les tremblements de terre dont les ravages ont commandé la construction des maisons, qui sont basses et isolées les unes des autres. Le palais du Recteur, avec son beau portique du quinzième siècle, n'a plus qu'un étage depuis la secousse qui détruisit une grande partie de la ville.

De Gravosa, le bateau nous mène aux célèbres Bouches de Cattaro, un des plus saisissants paysages de l'Europe. Un immense golfe composé de plusieurs bassins que dominent de formidables montagnes à pic de plus de deux mille mètres de haut. Les fjords de la Norvège offrent seuls des paysages aussi grandioses. Les Bouches de Cattaro sont, de temps immémorial, une excellente pépinière de marins. Cattaro est une petite ville de quelque cinq mille âmes, couchée au pied des montagnes du Monténégro. J'y suis arrivé dans la nuit, et, par d'étroites ruelles dallées, bordées de maisons aussi vieilles que pittoresques, j'ai gagné un hôtel primitif où j'ai fait un affreux souper et où j'ai passé une nuit blanche, harcelé par les moustiques. Aussi, n'ai-je pas eu de peine à être debout avant quatre heures du matin. Une voiture à deux chevaux, commandée la veille, est à la porte de l'hôtel. J'y monte avec le docteur B... et son fils, que j'ai rencontrés sur le bateau. Nous avons décidé de visiter ensemble Cettigne, la capitale du Monténégro, que les piétons peuvent atteindre en trois

Le dragonnier des Canaries.

TÉNÉRIFFE. — Barranco del Rio.

R.F.

RIO.

heures de Cattaro, par les sentiers ardus, mais où les voitures ne peuvent monter qu'en sept heures, tant la route fait de détours et de lacets. Les chevaux sont maigres, mais solides et nerveux.

Nous partons par un magnifique clair de lune, dans la fraîcheur délicieuse de la nuit. La route, grise et poudreuse, serpente entre des montagnes chaotiques et farouches. Au bout d'une heure, nous faisons halte auprès d'une source pour abreuver les chevaux, car nous ne trouverons plus d'eau jusqu'à Negutch. A six heures, nous sommes à 400 mètres d'altitude. De cette hauteur, nous dominons deux golfes et la mer libre. A nos pieds se dessine, gigantesque, une lettre M, tracée par les sinuosités de la route qui côtoie de vertigineux précipices. Cette lettre symbolise le Monténégro. Le soleil levant projette ses magiques couleurs sur un paysage qui fait songer aux fantastiques créations de Gustave Doré. Mais c'est un paysage de mort, sur lequel pèse un silence formidable. Pas un cri d'oiseau dans ce chaos de rochers. Aucune culture. C'est le désert sans arbres, sans la moindre verdure. Quoique le soleil éclaire déjà les golfes, nous restons constamment dans l'ombre de la montagne, et, à chaque détour du chemin, nous retrouvons l'obsédante lettre M, jusqu'à ce que nous ayons atteint 900 mètres d'altitude. L'œil embrasse de là une armée de cimes hérissées de forts dont les canons menaçaient autrefois le Monténégro. Après avoir franchi le premier col, à 1 100 mètres, où règne un froid de loup, nous descendons dans la vallée de Negoutch, berceau des princes de Monténégro. Ce village, d'une douzaine de maisons couvertes de chaume, est au fond d'un lugubre entonnoir de rochers nus dans les creux desquels apparaissent de maigres champs de maïs et de pommes de terre. Des aires circulaires, bordées d'un mur bas, servent à battre le grain. La misérable auberge, infectée de mouches, est ornée d'une icone.

Au delà de Negoutch, la désolation du paysage s'accentue. Ce sont des rochers grisâtres qu'on prendrait pour des châteaux en ruines : un pays affreux comme l'Islande, presque sans arbres, sauf quelques frênes. Nous franchissons le second col à plus de mille trois cents mètres au-dessus de Cattaro, et nous ne sommes pas peu surpris d'y rencontrer des Monténégrines portant d'énormes fardeaux : ces pauvres femmes, pour 40 sous, portent de Cettigne à Cattaro des charges de bois pesant

60 kilogrammes. Au Monténégro, les hommes abandonnent à leurs femmes les travaux les plus pénibles. Ils circulent toujours armés dans leurs pittoresques costumes, la tête coiffée de la petite toque rouge.

Le col franchi, nous voyons apparaître comme un sourire, au milieu de cette nature sombre et rébarbative, la verdoyante vallée, pareille à un bassin lacustre, où est située Cettigne, la petite capitale monténégrine aux maisons rouges.

Comme nous entrons en ville, nous rencontrons de nombreux chariots chargés de peaux de moutons et une longue caravane de chevaux destinés à être embarqués à Cattaro.

Cettigne, où est née la reine d'Italie, fille du prince Nicolas de Monténégro, est une rustique capitale de trois mille habitants, dont l'unique rue, longue d'un kilomètre, est d'une largeur invraisemblable. A l'extrémité de la rue, nous nous arrêtons dans un hôtel érigé par les soins du prince Nicolas. En attendant l'heure du dîner, nous nous promenons sur le boulevard ombragé d'acacias, bordé de petites maisons de paysans, sans étage, couvertes de chaume ou de tuiles rouges. Seules les anciennes résidences des consuls ont un étage. Ce que ces consuls devaient s'ennuyer dans ce bourg perdu à 700 mètres d'altitude, à 48 kilomètres de la côte, dans un climat brûlant en été, tandis qu'en hiver il y a 1 mètre de neige! On raconte que le prince Nicolas, dès qu'il arrivait un touriste, le faisait inviter pour se donner une distraction. Je conseille aux gens qui s'imaginent qu'ils s'ennuient d'aller passer une saison à Cettigne : c'est là qu'ils connaîtront le raffinement de l'ennui, et ils se réjouiront plus tard de penser qu'ils ne sont pas condamnés à y passer toute leur vie. Les rares passants que nous rencontrons ont l'air de ne pas s'amuser du tout dans leur costume d'opéra-comique, qui contraste avec leur expression sérieuse et grave : ils portent des culottes bouffantes bleues, une veste rouge, des guêtres blanches, et une petite toque qui ne les protège point contre les insolations ; aussi, ne faut-il pas s'étonner du grand nombre de cas de cécité.

Ces Monténégrins sont une race mâle et brave : grands, forts, bien membrés, ils ont une allure toute militaire, et leurs superbes moustaches, dont ils sont très fiers, leur donnent des airs de pourfendeurs. Les Monténégrins et les Albanais sont d'éternels ennemis : quoique slaves, les uns comme les autres, ils s'entretuent lorsqu'ils se rencontrent. Le Monténégro pleure le temps où il jouissait de son indépendance. Aujourd'hui que ce nid d'aigle fait partie de la couronne de Serbie, Cettigne n'a plus même le rang de capitale et de résidence princière. Son théâtre, son casino, et le modeste palais où résidait le prince Nicolas, sont les seuls vestiges de son ancienne splendeur. On a trop oublié que les Monténégrins versèrent leur sang pour la cause des Alliés. Pour récompense cette héroïque petite nation a perdu son indépendance au profit de cette même Serbie pour laquelle l'Entente est partie en guerre. Quand la justice internationale réparera-t-elle cette flagrante iniquité ?

Ayant épuisé toutes les curiosités de Cettigne, nous reprenons la route de Cattaro. A la descente, les chevaux vont à une allure endiablée. Mais la route, que nous connaissons déjà, nous paraît infiniment longue. La seule diversion est un magnifique coucher de soleil sur le grandiose paysage des Bouches de Cattaro.

Rentrés à Cattaro à neuf heures du soir, nous en repartons à deux heures du matin avec les mêmes chevaux qui ont fourni la veille une course de 90 kilomètres. Pour gagner la voie ferrée de l'Herzégovine, nous avons à faire deux bouts de route par terre et un bout par eau. Nous partons à demi éveillés, par une nuit superbe sillonnée d'étoiles filantes. Au bout d'une heure et demie, nous sommes à Lepetane, où nous trouvons une gondole, à l'aide de laquelle nous traversons en dix minutes le canal de la Viera dont les eaux sont soulevées par un violent coup de bora. Débarqués sur la rive opposée, nous sommes anxieux. La voiture, commandée la veille à Cattaro, n'est pas là ; mais voici qu'à l'heure dite, elle arrive, on ne sait d'où, dans les ténèbres de la nuit. Le jour paraît enfin. Rien de plus ravissant que la route que nous suivons au soleil levant le long d'un golfe qui rappelle Capri. La végétation est toute méridionale : des vignes, des oliviers, des figuiers, des palmiers. Quel contraste entre cet adorable paradis et le sombre Monténégro, si proches l'un de l'autre ! Bientôt, nous sommes à Zelenika, point de départ de la ligne à voie étroite de Mostar. Le train part à sept heures du matin. A Castelnuovo, l'ascension commence vers les hautes vallées de l'Herzégovine, qui offrent, à peu de chose près, le même aspect rébarbatif que le Monténégro : profonds entonnoirs pierreux que surplombent des rochers blancs et nus. Le train court sur le faîte de hauteurs à pic d'où le regard plonge sur la nappe bleue de l'Adriatique. Gare à la bora, qui, un jour ou l'autre, précipitera dans la mer ces voitures-joujoux! Ce chemin de fer est encore tout neuf. Les paysans viennent de loin pour voir passer le train. Aux gares, c'est un pittoresque assemblage de costumes dalmates. Les jeunes gens portent des dorures sur toutes les coutures. Ils chantent, jettent des vivats. Tous les visages sont heureux. Songez donc! ce chemin de fer va faire la fortune de la pauvre Dalmatie! Mais gare à la bora! Il y a tant de précipices béants le long de cette ligne!

On fait, à midi, une heure d'arrêt à Uskopiel, où l'on change de train. Il y a une foule énorme. Le buffet est assailli par une centaine de paysans aux costumes multicolores, et c'est à grand'peine que nous obtenons un plat détestable dont le souvenir m'écœure. Nous remontons en voiture. Quelle fournaise, par cette température de 35°! Aussi, j'admire mon ami le docteur B..., qui n'abandonne jamais son costume d'hiver.

Le paysage devient de plus en plus sauvage. L'Herzégovine renferme peu de terres cultivables. Ce ne sont que montagnes, qui ne portent ni arbres ni verdure. Des pierres, et encore des pierres, une Arabie Pétrée qui ne valait pas le sang versé à Mostar. Le chemin de fer, il est vrai, offrait un intérêt stratégique ; mais combien facile à détruire et difficile à surveiller ! Il y a tant de circuits qu'on fait à peine 2 lieues à l'heure.

Le point le plus intéressant de la ligne, ce sont les fameuses gorges de la Narenta, que dominent les maisons blanches d'un village turc avec sa mosquée et son minaret. C'est dans cette gorge qu'eut lieu, en 1878, la terrible mêlée entre Hongrois et Bosniaques. Le docteur B..., qui est Hongrois, me raconte que trois de ses cousins y prirent part en qualité d'officiers. Les deux ennemis étaient postés en face l'un de l'autre sur les rochers qui dominent la gorge et tiraient par-dessus la rivière. Et cependant, ces Bosniaques étaient Slaves. Dans une harangue, un colonel hongrois, d'origine slave, leur dit qu'il était du même sang qu'eux, et qu'il voulait les délivrer de l'esclavage turc. Il fut reçu avec enthousiasme et entra dans la ville sans combattre. Une disgrâce s'ensuivit. Quoiqu'il eût commandé une division, il ne conquit point le grade de général, parce qu'il ne s'était pas comporté en militaire. Étrange conception du militarisme !

Après treize heures de wagon, nous arrivons à Mostar, où nous passons la nuit dans un vaste hôtel érigé au lendemain de la conquête par le gouvernement autrichien, au bord de la Narenta, en face du nouveau pont en fer. L'administrateur, qui parle français, m'apprend que mon nom lui est bien connu. J'aurais pu lui répondre, comme Gil Blas à son adulateur : *Nunca creí que mi nombre fuese conocido en Peñaflor!*

Nous avons passé un dimanche à Mostar, qui a gardé intacte sa physionomie turque. Pour une population de dix-sept mille âmes, elle n'a pas moins de trente-six mosquées, qu'on rencontre à tous les coins de rue, fort petites, mais toutes flanquées d'un minaret. L'unique chapelle catholique est celle du couvent des Franciscains, où beaucoup de fidèles assistent à la messe en costume turc.

La ville est divisée en deux quartiers que sépare la Narenta, qui roule, étroitement encaissée entre des rochers pittoresques, ses eaux d'un vert d'émeraude. Un vieux pont romain, d'une seule arche, en dos d'âne, réunit le quartier nord au quartier sud. Cette construction hardie a défié les siècles, et même la domination turque. La grand'rue, non pavée, est bordée de petites maisons de terre, à corniches saillantes : si pauvres qu'elles soient, elles ont toutes un cachet d'art archaïque, avec leurs petites fenêtres à moucharabiehs et leurs portes sculptées, garnies de vieux clous. Des officiers à cheval caracolent au milieu de la foule pittoresque des Turcs à turban et à culottes bouffantes. Tout le long de la rue ce ne sont que cafés turcs, ateliers de bijoutiers, échoppes de tailleurs, de cordonniers, qui travaillent sur de petites estrades sous les yeux des passants.

Après nous être enivrés de turqueries, nous reprenons à midi le chemin de fer à voie étroite qui mène d'Herzégovine en Bosnie. On nous avait prévenus que c'était une route sensationnelle. Et, en effet, c'est par un prodige d'audace qu'on a osé poser des rails dans cette effroyable gorge de la Narenta, qui roule ses eaux vertes entre des rochers calcaires à pic. La gorge est si étroite, qu'il y a à peine place entre la route et le rail. Des cascades neigeuses s'y précipitent en bouillonnant. Pendant deux heures, c'est une haletante ascension à la crémaillère sur une pente de 60 mètres par mille. Puis, c'est une longue succession de tunnels. Malgré la chaleur, il faut fermer les fenêtres pour ne pas être suffoqué par la fumée. Les cochons s'aventurent dans ces tunnels pour y chercher le frais et font parfois dérailler le train. Au sortir d'un long et dernier tunnel, nous sommes à une altitude de 875 mètres, en face d'une curieuse montagne affectant la forme d'un colossal lion couché.

A six heures du soir, nous arrivons à Ilidce, délicieuse ville d'eaux située dans un site charmant, et qu'affectionnait François-Joseph, le sénile complice de Guillaume II. Le docteur B... me propose de passer la nuit à l'hôtel Hungaria, situé dans un parc où se promène le beau monde autour d'un orchestre qui joue des valses de Strauss. Mais comme l'hôtel n'a plus une place, nous prenons une voiture pour aller coucher à Serajevo, où nous arrivons à neuf heures du soir. La ville est en fête, à cause du dimanche. Des milliers de lanternes vénitiennes piquent l'obscurité.

Serajevo, qui s'appelait Bosna-Seraï sous la domination turque, est une ville de près de quarante mille âmes, dont plus de la moitié sont musulmans. Du haut de la citadelle, où l'on monte en voiture, elle présente un coup d'œil féerique : toute la ville se déploie, couchée dans une étroite vallée, nid de verdure d'où s'élancent cent minarets. Les maisons s'éparpillent sur une grande étendue, isolées par des jardins et ombragées d'arbres où dominent les peupliers. Dans ce tableau plein d'orientalisme, les maisons à l'européenne font tache.

Nous visitons le bazar turc, puis la grande mosquée avec sa vasque en marbre blanc où les musulmans font leurs ablutions. Nous nous aventurons, de l'autre côté de la rivière Milyatchka, dans une étroite ruelle, horriblement pavée, qui monte sur la pente très raide de la montagne. Nous y sommes assaillis par des chiens hargneux. Les enfants s'enfuient effarouchés et de loin nous lancent des pierres. Les femmes se voilent pudiquement à notre approche. Il semble que jamais des étrangers n'aient pénétré dans ces quartiers populaires. Il y a autant de chats que de chiens : ces Turcs seraient-ils donc bons, puisqu'ils aiment les bêtes ? Du haut de la montagne, la vue est encore plus étendue que du haut de la citadelle : on domine toute la ville dans son verdoyant entonnoir, hérissée des fines aiguilles des blancs minarets qui resplendissent sous un flamboyant soleil. Après tant d'années d'occupation autrichienne, elle a gardé presque intacte sa physionomie turque.

Serajevo, dont le nom était presque inconnu avant 1914, a acquis une triste célébrité mondiale depuis l'assassinat de l'archiduc Ferdinand. On ne saura jamais si ce crime fut la cause ou seulement le prétexte de la guerre qui devait changer la face de l'Europe. Ce que ne prévoyait point François-Joseph, c'est que cette guerre aurait pour conséquence de faire de l'empire d'Autriche un petit État et d'englober la Bosnie dans le royaume de Serbie. Il y avait à Serajevo une vieille prophétie d'après laquelle trois empires s'écrouleraient le jour où le sang coulerait sur le pont des Latins. La prophétie s'est réalisée de point en point depuis que, le 28 juin 1914, l'archiduc Ferdinand et la duchesse de Hohenberg furent assassinés en face du pont des Latins, devant l'échoppe d'un petit marchand de vins où l'attentat avait été préparé. Ce pont, qui franchit la rivière Milyatchka, s'appelle aujourd'hui le pont Printzip, du nom du meurtrier.

De Serajevo j'ai gagné Budapest, que je n'avais plus revue depuis vingt ans. Pour fuir les chaleurs qui régnaient dans la capitale hongroise, je me suis réfugié dans les montagnes. Par un train de nuit j'ai gagné Tatra-Lomnitz, un petit Chamonix situé à près de mille mètres d'altitude, au pied des monts Tatra, un des plus beaux massifs de la chaîne des Carpathes. On y jouit d'une vue immense sur les plaines de la Hongrie, tandis qu'à l'opposite on aperçoit les fières sommités du Lomnitzer Spitze, aux murailles taillées à pic et aux crêtes déchiquetées. Avec ses bois de sapins tout embaumés de senteurs résineuses, le paysage est empreint d'une poésie et d'un charme pénétrants. Ce n'est ni la Suisse, ni le Tyrol, ni les Pyrénées, c'est un paysage à part, un parc naturel où tout réjouit les yeux. Rien de plus délicieux qu'une promenade pédestre dans le ravin de la Kohl. Nulle part je n'ai vu de conifères aussi imposants. Le ravin aboutit à une cascade que dominent des rochers à pic. Et l'on passerait des heures à rêver dans cette charmante solitude pleine de mystère et d'ombre. Une autre intéressante excursion est le lac de Steinbach, situé à quelque mille mètres au-dessus de Tatra-Lomnitz. On suit la direction du Lomnitzerspitze, dont la cime, se détachant sur un ciel d'un bleu idéal, semble si proche, qu'on croirait pouvoir l'atteindre en une heure. Sa pyramide grise et nue, aiguë comme une lame, se lève tout d'un jet, avec la saisissante hardiesse des montagnes dolomitiques. Grisé par la senteur des pins, j'éprouvais un divin plaisir à cheminer seul dans la forêt silencieuse où je n'entendais que le bruit de mes pas. Comme tous les sentiers sont indiqués par des plaques accrochées aux arbres, on peut s'aventurer sans guide dans ces montagnes. Je traverse un torrent, et me voici dans une clairière d'où la cime m'apparaît dans toute sa grandeur. Le sentier se poursuit quelque temps dans la forêt, mais bientôt j'en perds la trace. Je me suis égaré sur un sentier de bûcheron. Deux fois je reviens à la clairière pour m'orienter dans cette forêt inextricable, quand, finalement, je découvre une indication qui m'avait échappé, et me voici sur le chemin du lac. Et ces petits incidents imprévus ne manquent pas de charme. Bientôt j'atteins la limite de la forêt, à laquelle succèdent les pentes d'éboulis où ne croît plus que le genêt. Il faut une nouvelle attention pour ne pas s'égarer dans ce désert où la direction n'est plus marquée que par des raies rouges tracées, çà et là, sur les pierres. Après une rude escalade, j'atteins enfin le lac de Steinbach, petit miroir d'émeraude qui dort dans son calme éternel au pied du Lomnitzerspitze, à 1750 mètres d'altitude. La vue du pic qui surplombe le lac de ses formidables murailles est impressionnante. C'est à peine si ses parois verticales peuvent retenir dans les creux de rocher de rares plaques de neige. Le bruit lointain d'une cascade rompt seul le silence de ce site solitaire où souffle le vent frais des hauteurs.

Une excursion de plus longue haleine est celle du lac Vert. Quand on a dépassé le groupe de chalets de Matlarenau situé au milieu d'un merveilleux cadre de montagnes, on s'engage dans la vallée du Weissbach, torrent aux eaux cristallines qui tombe de cascade en cascade sous une frondaison de sapins dont j'aspire à pleins poumons les émanations balsamiques. Cette vallée me rappelle le Val de Jéret, près de Cauterets. Je débouche bientôt sur un plateau où le chemin devient incertain ; mais deux paysans me mettent sur la bonne voie. Au sortir de la forêt, c'est le paysage des hautes altitudes. En face d'une montagne couverte jusqu'à la cime d'une verte chevelure de sapins se dresse une énorme paroi abrupte que couronne un rocher qu'on prendrait pour les murs croulants d'un château féodal. Après trois heures

ATHÈNES. — Temple de Jupiter Olympien et Acropole.

de rude ascension, j'atteins le lac Vert, qui dort à 1540 mètres d'altitude, au fond d'un entonnoir couronné par une armée de pics déchiquetés se dressant comme de noirs fantômes : sur leurs parois se détachent des filons de neige qui, au cœur de l'été, descendent presque jusqu'au bord des rives. L'œil ne peut se détacher du Kesmaeker Spitze, dont les parois vertigineuses dominent de plus de mille mètres le niveau du lac. Ce pic forme le point culminant de l'hémicycle dont les effroyables murailles se hérissent de lames d'épée, de pains de sucre, de pyramides et d'obélisques. Les grands cirques des Pyrénées peuvent à peine donner une idée de cette prodigieuse architecture, dont l'aspect sinistre et chaotique contraste avec les merveilleux effets de soleil produits par la dispersion des jets de lumière à travers les dentelures des crêtes crénelées. Le lac Vert est d'une fascination étrange par la transparence de ses eaux glauques, d'où l'on verrait sans aucun étonnement surgir une sirène. Le niveau en est exhaussé à l'aide d'un barrage. Dans le chalet solitaire qui s'élève au bord du lac, j'ai étanché ma soif avec un verre de lait. Ce lait des Tatra est un nectar.

Ayant épuisé les beautés de Tatra-Lomnitz, j'ai pris le train pour Csorba (pron. Tchorba), d'où un funiculaire m'a transporté à Csorbato, au bord d'un lac merveilleux, miroir qui réfléchit le ciel à 1 350 mètres d'altitude, enchâssé dans une bordure de sapins. On n'imagine pas pareil cristal dans un cadre aussi romantique. C'est une promenade de rêve d'en faire le tour. Non loin de là est la ravissante vallée de Popperthal. Elle se termine en un cirque au fond duquel dort un autre lac, le Poppersee, au pied d'un massif de montagnes dentelées plus fantastiques encore que celles du lac Vert. Une autre intéressante vallée est celle de Mlinicza. Après une rude ascension par un sentier ardu et rugueux, j'ai débouché dans l'inévitable cirque, et me suis arrêté au pied d'une cascade qui tombe, comme un voile transparent, du sommet des montagnes hérissées, comme partout, de dents et de glaives. Tous ces sites des Tatra se répètent. Sauf la Finlande, le pays des mille lacs, il n'est pas en Europe de contrée plus criblée de lacs.

Après le versant sud des Tatra, que fréquentent les Hongrois, j'ai voulu voir le versant nord, où affluent les Polonais. Il ne m'a pas fallu moins de douze heures de chemin de fer pour passer d'un versant à l'autre, dans un train composé d'une unique voiture, et ne marchant pas plus vite pour cela, à une allure de quatre lieues à l'heure. La dernière station de la Hongrie est dans une contrée désolée, d'où l'on aperçoit à l'horizon une longue succession de cimes. C'est la ligne de faîte des Carpathes. Au delà, la voie descend vers la Galicie. Aux stations apparaissent les juifs polonais, avec leurs barbes de patriarche et leurs cheveux en tire-bouchon. Vrais types d'Israël, ils portent de crasseuses houppelandes noires, et leurs chapeaux noirs leur donnent un faux air de rabbins. Ils fument d'immenses bouffardes. A Neumark (en polonais Nowy-Targ), changement de train et deux heures d'arrêt, dont je voudrais profiter pour dîner. Mais il n'y a pas ombre de restaurant à la gare, et la ville est située à une demi-lieue. Il faut la gagner à pied à travers la campagne où errent des vaches et des oies que gardent des paysans portant un pantalon en gros drap blanc soutaché et une veste en peau de mouton. Il n'y a à Neumark qu'une misérable auberge où le voyageur affamé ne peut obtenir qu'une soupe et une truite. C'est par un superbe coucher de soleil que je regagne la gare et monte dans le train qui me mène la nuit à Zakopane.

Zakopane est un gros village où les Polonais viennent en villégiature pendant les chaleurs de l'été. Les villas sont des chalets en bois qui rappellent les isbas russes. Le site est riant, et bien différent des sévères paysages du versant sud des Tatra. On se croirait dans l'Oberland si les montagnards ne parlaient le polonais. Sur les alpages, au pied des croupes couvertes de forêts de sapins, sont disséminées des huttes de bois qui servent d'abri aux bestiaux. Il n'est pas jusqu'au bruit des clochettes qui ne rappelle la Suisse. Du haut des coteaux on embrasse une vue immense sur la chaîne des Tatra, qui offre une succession d'escarpements abrupts d'un grand caractère; mais il lui manque l'auréole des neiges qui fait la splendeur des Alpes.

La saison de Zakopane bat son plein. A l'hôtel Morski Oko, rempli de Polonais, on m'a logé dans une mansarde sous les combles. Le portier, les domestiques n'y parlent que le polonais, si bien que je m'y sens parfaitement dépaysé, et que j'ai hâte de fuir les Carpathes pour gagner Cracovie, Vienne, Trieste, et de là l'Orient.

CHAPITRE V

L'Orient

I. — Priène

Quel contraste entre la Smyrne florissante que j'ai vue autrefois, quand elle était la reine de l'Ionie, et la Smyrne morte dont il ne subsiste plus que la ville turque, tandis que les quartiers grec et arménien offrent l'aspect de Reims et de Dinant au lendemain de la guerre ! Et cependant, la légende turque accuse les Grecs d'avoir allumé l'incendie qui éclata sur plusieurs points à la fois suivant les méthodes inaugurées à Louvain par la soldatesque teutonne. Aussi le feu s'étendit partout, favorisé par le vent qui changeait constamment de direction. Sur les quais étroits, la foule s'amassait, poursuivie par les flammes auxquelles elle n'échappait qu'en se précipitant dans la mer où se noyèrent bien des malheureux. Cette tragédie fut le couronnement des massacres d'Arméniens et de Grecs. Dans la cathédrale latine, qui fut épargnée miraculeusement, sept mille chrétiens s'étaient réfugiés. Des femmes y accouraient dont les enfants avaient été tués dans leurs bras, et dont plusieurs accouchèrent dans l'église. Avant de livrer la ville aux flammes, les Turcs l'avaient mise au pillage. Comme le vent soufflait sur le quartier turc pendant cette profitable opération, on attendit qu'il prît la direction du quartier chrétien avant d'y mettre le feu. Le pétrole alimentait le brasier. La fusillade attendait les habitants qui se sauvaient dans la rue. Ceux qui parvenaient à s'échapper étaient refoulés par la cavalerie. Quelle scène d'horreur !

Je débarquai à Smyrne par une chaleur de 40° qui déclencha dans la soirée un effroyable orage. Voulant quitter cette fournaise, j'ai pris de grand matin le chemin de fer d'Aïdin pour gagner l'intérieur du pays. L'orage a rafraîchi l'atmosphère. Le ciel, d'un bleu léger, ne se souvient plus de rien. La ligne, construite et exploitée par les Anglais, court vers le sud, traverse la plaine du Caystre, passe près d'Éphèse, puis rejoint la grande vallée du Méandre, par où elle remonte jusqu'au cœur de l'Asie Mineure. Nous laissons à droite l'imposant mont Fagus, que couronne un vieux château ruiné du temps des croisades. Plus loin, ce sont les ruines d'anciens aqueducs et les restes de villas romaines et byzantines, puis une antique acropole et un cimetière turc plein de restes grecs et romains. Le paysage est d'une sévère beauté, avec ses grandes plaines limitées par des montagnes aux lignes harmonieuses. Ces plaines, parcourues par de longues files de chameaux, sont d'une prodigieuse fertilité. Pendant plusieurs kilomètres se déroule comme un immense jardin une des anciennes fermes du sultan, avec ses vignes, ses plantations d'orangers et de mûriers, ses figuiers, ses cyprès. Partout de petits villages avec leurs mosquées et leurs minarets. Puis voici Tourboli, d'où un embranchement se dirige vers les plaines du Caystre dont Homère vante les prairies fécondes et les cygnes nombreux. C'est là que réside le fameux brigand Tchakidji, adoré des populations qui le regardent comme le bienfaiteur du pays, comme le redresseur de torts qui ne s'en prend qu'aux Turcs riches, et que le gouvernement n'ose inquiéter. En face de Tépé-Keuy se dressent les ruines de l'antique Métropolis, couronnant une colline qui s'avance en saillie dans la plaine. On y reconnaît l'acropole grecque, avec un théâtre et les restes d'un temple dorique.

A midi nous arrivons à Sokia, où je descends avec un avocat de Paris dont j'ai fait la connaissance dans le train. Il veut visiter avec moi les ruines de Priène. Il est bon d'être deux dans un pays de brigandage. Ayant tous deux la tête pleine des descriptions enthousiastes des archéologues qui ont pratiqué des fouilles à Priène, nous étions fort curieux de voir cette ville miraculeusement ressuscitée avec ses rues, ses maisons, ses temples, ses théâtres, dans un cadre grec, sous le ciel de la douce Ionie. Nous étions curieux de nous faire une idée de ce que pouvait être une petite ville de province de quatre à cinq mille habitants, car Priène n'avait pas plus d'importance.

Comment cette petite cité grecque vint-elle à disparaître de la face de la terre ? Depuis l'antiquité son port s'était ensablé, et la ville elle-même avait dû probablement être abandonnée par ses habitants qui ne pouvaient plus se livrer au commerce. Envahie par les alluvions séculaires du Méandre, elle avait fini par ne plus laisser de traces, comme Olympie ensevelie sous les alluvions de l'Alphée.

Au temps de Strabon, elle était toute proche de la mer. Aujourd'hui, elle en est à plusieurs lieues. On en sait peu de chose. Strabon attribue sa fondation à Aepytos, fils de Nélée d'Athènes, qui vivait dix siècles avant Jésus-Christ. C'était une des douze villes qui faisaient partie de la confédération ionienne. C'est là que naquit et vécut Bias, fils de Teutamès, l'un des sept Sages de la Grèce, le philosophe qui portait sur lui toutes ses richesses, et qui s'en vantait en disant : *Omnia mea mecum porto*; celui dont Platon rapporte que le roi d'Égypte lui envoya une victime, lui recommandant d'en couper ce qu'il y avait à la fois de meilleur et de moins bon. Et Bias d'en couper la langue.

Ce que l'histoire a retenu de Priène, c'est qu'après avoir subi la domination lydienne, elle fut soumise à celle des Perses qui la réduisirent en esclavage; qu'elle participa à l'insurrection des Ioniens contre leurs dominateurs, et envoya douze vaisseaux à la bataille de Ladi en 494; qu'elle prit part à la guerre du Péloponèse; qu'ainsi elle joua un rôle dans l'histoire de la Grèce; qu'elle eut à souffrir de ses démêlés avec les Samiens et des guerres de Mithridate; que finalement elle fut soumise à l'Égypte, puis à Rome, perdant l'autonomie qui lui avait été assurée dès 334 par Alexandre le Grand. C'est là à peu près tout ce qu'on sait de l'histoire de Priène[1].

Exhumée des boues du Méandre accumulées par les siècles, Priène est une des plus magnifiques conquêtes de l'archéologie moderne. Jusqu'à présent nous possédions bien, en des endroits divers, des spécimens de tous les genres d'édifices construits par les Grecs : des temples, des théâtres, des tombeaux, vestiges d'un ancien monde disparu, le plus souvent isolés. Mais ce qui nous manquait c'était la réunion de tous ces éléments épars : on ne les rencontrait pas groupés, constituant un tout. C'est ce que nous offre Priène dans un ensemble complet, et l'on peut, sans crainte de s'aventurer trop loin, comparer le champ de ces heureuses découvertes à ce théâtre de trouvailles à jamais mémorable qui a nom Pompéi. Le Méandre nous a conservé une cité grecque comme le Vésuve nous a conservé une cité romaine. Si Priène était morte de sa mort naturelle, comme Éphèse, si une nouvelle ville l'avait remplacée, construite avec les matériaux de l'an-

1. Félix Sartiau, *les Villes mortes d'Asie Mineure.* (Paris, Hachette, 1911.) Saturnino Ximenez, *l'Asie Mineure en ruines.* (Paris, Plon, 1925.)

cienne, nous ne saurions pas ce qu'était une cité hellénique. Priène nous donne du monde grec, à une certaine époque, une représentation aussi vivante que celle que Pompéi nous donne du monde romain. Et c'est là, comme on l'a remarqué, ce qui donne aux fouilles de Priène un caractère exceptionnel, une importance et un intérêt que ne comportent pas celles récemment faites dans les environs, à Didyme, à Éphèse[1].

C'est dans une contrée merveilleuse que florissait la ville exhumée, au bout de la vallée du Méandre, près de la côte d'Ionie, en face de l'île Samos, là où la mer Égée forme le golfe Latmique, dans le voisinage de Milet et de Magnésie. Pour gagner cette contrée, il faut prendre le chemin de fer ottoman et s'arrêter à la petite ville de Sokia, d'où il n'y a d'autre moyen que les chevaux de selle pour se rendre à la ville morte, située loin des routes et des voies ferrées.

Sokia n'offre au voyageur qu'un pauvre gîte au nom pompeux : « hôtel de Priène ». C'est là que nous mène un indigène avec lequel nous traversons le village à pied. Nous y faisons un maigre repas de

1. Alphonse Rœrsch, *les Fouilles de Priène*.

macaroni arrosé d'un petit vin du pays. Puis, affrontant la chaleur du jour, nous partons à cheval, accompagnés d'un guide. Toute la population de l'endroit assiste à notre départ. Mon compagnon, avec son costume de cavalier et son casque indien, excite l'admiration par son faux air de don Quichotte de la Manche. Nos chevaux, qui ne payent pas de mine, sont harnachés à la turque : la selle, au pommeau relevé à l'arabe, porte une grossière couverture pour adoucir les secousses d'un trot à l'amble aussi dur que désagréable, alternant avec un galop qui a moins de charme encore. Mais ces chevaux turcs sont résistants et ont le pied d'une merveilleuse sûreté au milieu de toutes les pierres du chemin, si l'on peut donner le nom de chemin à une simple piste formée par le passage des chevaux à travers une végétation de chênes nains, d'oliviers, d'arbousiers, alternant avec les rhododendrons, les cactus et les agaves. Nous marchons au hasard dans une plaine où n'existe aucune route tracée, où ruisseaux et rivières modifient leur cours chaque année. Cette plaine est l'œuvre du Méandre, fleuve qui la couvre de ses alluvions depuis des temps immémoriaux. On ne voit pas le fleuve, mais on le devine serpentant derrière les roseaux, les papyrus, les tamaris et les lauriers-roses. Des sources, des lagunes se cachent parmi les hautes herbes où se tiennent des bandes d'échassiers. Ce chemin, qui mène de Sokia à Priène, et où aucun chauffeur n'oserait se risquer, date certainement de la plus haute antiquité, puisqu'il ne pouvait y en avoir d'autre et qu'on ne pourrait changer son tracé naturel. M. Ximenes qui, comme nous, l'a parcouru à cheval, croit bien qu'on l'entretenait au temps de la civilisation hellénique, mais que la route fut abandonnée à elle-même du jour où la destruction de Priène lui fit le sort d'une route qui ne conduit nulle part. Et ce ne sont pas les Turcs qui auraient pu la rendre praticable. Ils l'ont laissée dans l'état où ils l'ont trouvée. Comme toutes les routes de l'Asie Mineure, ce n'est plus, sous le régime de la voirie ottomane, qu'un nid d'entorses pour les piétons et de fondrières pour les chevaux.

Nous ne tardons pas à rejoindre un Allemand parti longtemps avant nous pour Milet, prouvant ainsi, suivant la remarque de mon compagnon, la supériorité de la cavalerie française. Nous faisons une petite halte à cet endroit. Comme je mets pied à terre, ma selle mal sanglée tourne, et je m'étends sur le sol. Le café turc et le raki que nous prenons sous la tonnelle m'ont bientôt remis de mon aventure. L'eau fraîche puisée à la fontaine voisine nous paraît un délicieux breuvage par cette température torride. On sait le cas que font les Turcs d'un verre d'eau pure.

Ayant franchi 30 kilomètres en deux heures de trot et de galop, nous arrivons à Priène les reins brisés, et c'est avec joie que nous descendons de nos dures montures pour gravir à pied la montagne au bas de laquelle on a réuni, dans un petit musée, quelques sculptures provenant des fouilles. Malheureusement, l'hôtelier de Sokia a oublié de nous en remettre la clef. Quel dommage de ne pouvoir admirer ces statuettes de terre cuite, ces tanagra, ces morceaux de sculpture, ces fragments de marbre qu'on a trouvés en quantité parmi les décombres !

Dix minutes d'ascension sur les pentes abruptes du mont Mycale nous mènent au pied des murs de l'acropole, formés d'un amoncellement de blocs énormes, sans ciment, qui rappellent les murs cyclopéens de Mycène et de Tirynthe. Cette citadelle, bâtie sur un rocher abrupt d'environ 400 mètres, était inexpugnable. Reliée aux cimes du Mycale, où plane l'aigle, par une arête étroite, elle n'était accessible que par un raide escalier taillé dans le roc. De là, nous dominons une immense et verdoyante plaine d'alluvions que la mer occupa dans les temps anciens. Située entre le mont Mycale et l'embouchure du Méandre, dont le limon l'a recouverte au cours des siècles, la forteresse commande la vallée au bout de laquelle se profilent à l'horizon les hautes montagnes de Carie, qui donnent au paysage une incomparable beauté.

Nous sommes reçus par le gardien des ruines, qui nous souhaite la bienvenue par une poignée de main. Nous descendons vers la cité ionienne. Franchissant la porte de l'Est, nous rencontrons bientôt les premières rues qui s'étagent de terrasse en terrasse, dévalant sur le versant et descendant vers la vallée du Méandre. Ce n'est pas la vieille cité détruite au quatrième siècle avant J.-C., dont on n'a jamais retrouvé les restes, c'est celle autrement grande qu'édifia Alexandre le Grand sur un plan parfaitement géométrique qui rappelle la disposition des villes américaines aux rues rectilignes se coupant à angles droits. Ce plan, d'une si admirable régularité, contrastant étrangement avec le plan fantaisiste de l'Athènes antique, est dû à l'architecte Pithios, qui vivait au temps du grand

Alexandre, et qui l'emprunta à Hippodamos de Milet, le grand bâtisseur de villes au cinquième siècle.

Les rues de Priène étaient pavées de larges dalles, mais n'avaient pas de trottoirs. Heureux temps où les trottoirs étaient inutiles, puisqu'on ne connaissait pas la meurtrière automobile ! Nous avons sous les yeux une saisissante révélation de la cité grecque, comme Pompéi est la révélation de la cité latine. Mais les alluvions du Méandre ont moins respecté les demeures de Priène que les cendres du Vésuve n'ont respecté celles de Pompéi. C'est à peine si les mieux conservées s'élèvent à deux mètres du sol. Ces maisons aux façades blanches, nues, toutes construites sur le même plan, sont d'un aspect monotone au dehors ; n'ayant point de fenêtres sur la rue, elles sont comme des prisons closes. Mais que de charme elles devaient avoir à l'intérieur où, loin du bruit de la rue, la vie des habitants se passait autour d'une sorte de patio à ciel ouvert, plein d'air et de soleil ! N'est-ce pas de ce pays de la lumière que nous est venu le proverbe : « Une maison qui ne voit pas le soleil voit le médecin ! » C'est dans le vestibule que se faisait la cuisine, sur un poêle en terre et en airain. Les plus grandes pièces étaient exposées au midi. Dans la principale chambre était l'autel : c'était le foyer où se tenait la famille. A l'est se trouvait la salle à manger, qui s'ouvrait sur le portique. La pièce du fond était la chambre nuptiale. De petites pièces s'ouvraient sur la cour, destinées aux serviteurs. L'étage supérieur, dont il n'existe pas de spécimen comme à Pompéi, était sans doute habité par la famille.

Dans l'émouvant silence qui plane sur ces ruines trois fois millénaires, on se représente ce que devait être cette petite ville de province dans son animation d'autrefois. Comme la vie devait y être douce sous le soleil de l'Ionie ! On se l'imagine à l'heure matinale où s'ouvrent les échoppes, où toute la population se met en mouvement, les uns reprenant les travaux de leur profession, les autres se rendant au tribunal ou à l'agora, les enfants jouant dans la rue aux osselets ou aux dés qu'ils secouent dans un cornet. L'agora, au cœur de la ville, est le centre de l'animation commerciale. C'est une grande place rectangulaire, divisée en deux parties, l'une destinée au marché, l'autre servant de place publique. Cette place, que traverse la rue principale, était entourée de portiques abritant des magasins où l'on a trouvé quantité de débris de vases. La place et les portiques, qui offraient un abri contre le soleil et la pluie, étaient le rendez-vous de tous les citoyens qu'y appelaient leurs affaires ou le plaisir de la conversation. Sous ce beau ciel, la vie se passait surtout au soleil. Seule la femme restait au foyer. Au témoignage de Démosthène, les hommes passaient leur temps à l'agora, occupés d'affaires publiques ou privées, curieux des dernières nouvelles, allant à l'assemblée, suivant les procès, entrant dans les échoppes, faisant des achats après de longs marchandages. — Combien veux-tu pour cette paire de sandales ? — Fixe le prix toi-même. — Dis le prix sans barguigner. — Cette paire vaut une mine. Si Pallas elle-même venait l'acheter, je n'en rabattrais pas un quart d'obole[1]. D'après Plutarque, c'est chez les barbiers que s'installaient les bavards pour recueillir les nouvelles qu'y apportaient les colporteurs et les marins. Les Grecs donnaient plus de temps aux distractions de l'agora qu'aux plaisirs de la table. Platon nous apprend qu'ils ne faisaient qu'un repas par jour, les uns à midi, la plupart avant le coucher du

1. Ce curieux fragment de dialogue est parvenu jusqu'à nous grâce à Hérondas Mime, cité par Jardet et Sartiaux.

soleil. Ils consacraient à la sieste l'heure la plus chaude du jour[1].

Près du marché nous rencontrons les vestiges de ce qui fut le temple d'Esculape. Les fragments épars sur le sol sont si nombreux et si intacts, qu'en les rassemblant on pourrait reconstituer toute l'architecture de l'édifice. Seuls manquent les fragments de la frise. C'est donc que le temple n'en avait point, exemple peut-être unique parmi les temples grecs.

D'autres édifices publics se trouvent dans les dépendances de l'agora. C'est d'abord le Prytanée, cour carrée sur laquelle s'ouvraient les appartements où logeaient les prytanes. Là était le foyer public où brûlait la flamme éternelle, symbole de la vie de la cité. Le Prytanée était, comme les maisons municipales, l'âme de la ville. On y sacrifiait aux dieux, sur l'autel, et c'est au foyer commun qu'on venait chercher le feu sacré pour rallumer les feux éteints, comme les Aztèques allaient recueillir, tous les cinquante-deux ans, le feu nouveau sur la montagne de l'Étoile.

Tout près du Prytanée, voici un autre curieux

1. Barthélemy, *Voyage d'Anacharsis en Grèce*, I, 317.

édifice, que les premiers fouilleurs prirent pour un théâtre, à cause des gradins de marbre disposés sur trois côtés, qui semblaient destinés à des spectateurs. Mais les bancs de marbre qui occupent le quatrième côté, et l'autel qui se dresse au centre de l'enceinte, prouvent que ce n'était pas un édifice destiné à la scène. C'était l'Ecclésiastérion qui servait aux assemblées du peuple, et qui avait sans doute encore d'autres destinations. Sur les gradins siégeaient les membres de l'assemblée ; les bancs disposés en face étaient probablement destinés au président et aux assesseurs, tandis que l'orateur parlait entre les bancs et l'autel. Sur cet autel s'accomplissaient les sacrifices qui étaient d'usage au début des séances. La salle était entourée de murs supportant une toiture dont on a retrouvé les tuiles parmi les décombres. Et l'on sait ainsi que l'Ecclésie de Priène était couverte, comme celle de Sparte dont parle Pausanias, tandis qu'à Athènes les assemblées se tenaient à ciel ouvert. Parmi les orateurs dont la voix a retenti dans cette enceinte, on aime à évoquer Bias haranguant les membres de l'assemblée assis sur les gradins qui pouvaient contenir 540 places, et osant tenir à ses concitoyens, quand Cyrus s'était rendu maître de la Lydie, le discours que rapporte Hérodote : « N'attendez ici qu'un esclavage honteux, disait-il aux Ioniens assemblés ; montez sur vos vaisseaux, traversez les mers, emparez-vous de la Sardaigne ainsi que des villes voisines; vous coulerez ensuite des jours tranquilles [1]. »

En suivant une longue rue de quatre à cinq mètres de large, bordée de façades dépassant à peine la hauteur d'homme, pavée de dalles qui sont encore en place après tant de siècles, on atteint l'édifice le plus intéressant et le plus intact de Priène. C'est le théâtre, dont les gradins disposés en hémicycle, pouvaient contenir environ 1 200 spectateurs. Ce théâtre, aux proportions modestes, était bien celui d'une petite ville qui n'attirait pas les étrangers comme sa célèbre voisine, Éphèse. Il n'avait que huit rangées de sièges. Cinq sièges d'honneur, artistement sculptés, étaient réservés aux magistrats. J'ai succombé à la tentation de m'asseoir sur le siège du milieu, d'un admirable marbre blanc, qui semble fait pour l'éternité. C'est peut-être celui où s'est assis Bias.

Le théâtre de Priène est dans un si merveilleux

1. *Hérodote*, liv. I, chap. CLXX, An. III, 149.

état de conservation, qu'il pourrait servir encore pour la représentation de l'*Antigone* ou de l'*Électre* de Sophocle. Le proscénium, la scène antique où se jouait la pièce, reste encore debout, avec ses colonnes doriques qui n'ont pas plus de trois mètres de haut et qui supportent encore certaines parties de la frise. Ce théâtre à ciel ouvert avait l'avantage, sur nos théâtres fermés, que la pièce se déroulait en plein air, au milieu d'un paysage sublime, qui ajoutait à la grandeur du spectacle. Mais il arrivait parfois, sous le ciel ardent de l'Ionie, qu'un orage ou une pluie soudaine chassât la foule vers des portiques voisins, où elle devait chercher un abri.

La découverte du théâtre de Priène, construit trois siècles avant notre ère, est une des plus heureuses trouvailles de notre époque. Elle révèle sur le théâtre grec des particularités pleines d'intérêt. Ainsi, on est assez surpris de voir, entre les sièges d'honneur et l'orchestre, se dresser un autel. Cet autel devait évidemment porter une statue, qui ne pouvait être que celle de Bacchus, le dieu qui présidait aux dionysiades qu'on célébrait sans doute ici, comme à Athènes, comme dans toutes les colonies grecques, car ces sortes de réjouissances étaient aussi universelles dans le monde grec que le sont aujourd'hui encore les corridas de taureaux dans tous les pays de langue espagnole. Il fallait venir à Priène pour constater l'existence d'un autel de Dionysios dans un théâtre.

Que d'autres révélations n'apportent pas et n'apporteront encore les fouilles de cette petite ville d'Ionie! Que de problèmes dont la solution s'offre à la sagacité des archéologues! M. Félix Sartiaux[1] proclame que c'est le théâtre qui est peut-être, de tous les monuments de Priène, le plus aimable et le plus attrayant, dans sa charmante architecture, telle qu'aucun autre théâtre grec n'en présente. Notre archéologue a remarqué, dans les pilastres du portique, des traces de polychromie rouge et bleue, qui attestent que les Grecs rehaussaient toute cette architecture de marbre par la peinture, de même qu'ils peignaient leurs statues. Il a remarqué aussi l'emplacement des gonds des portes à double vantail par où les acteurs faisaient leurs entrées et sorties. Il déduit de la disposition des lieux que, jusqu'au deuxième siècle, acteurs et choristes étaient mêlés dans l'orchestre, et que les acteurs ne montaient sur le proscénium que pour

1. Ouvr. cité.

certains effets de scène. Il en donne pour preuves les rainures qu'on voit encore sur les pilastres, et dans lesquelles il suppose que s'engageaient les panneaux de bois où étaient peints les décors mobiles. L'argument ne serait pas décisif, s'il n'y avait l'emplacement des cinq sièges d'honneur d'où, suivant l'expérience qui en a été faite, il est impossible d'apercevoir toute la taille d'un personnage placé debout sur le proscénium, à près de trois mètres plus haut. L'hypothèse n'est pas seulement intéressante pour l'archéologie, elle l'est aussi pour l'histoire de l'art dramatique. Nous nous imaginions le chœur et les acteurs placés sur la scène dans la tragédie grecque ; la disposition du théâtre de Priène semble établir que les acteurs se trouvaient au même niveau que les spectateurs, et tout proches d'eux, comme j'ai pu l'observer dans les théâtres japonais. Il serait vraiment curieux que les Grecs eussent emprunté leurs traditions aux Nippons, à moins que ce ne soit l'inverse.

Ce qui est certain, c'est que nos théâtres aux murs fermés ne peuvent donner aucune idée de la splendeur du théâtre à ciel ouvert qu'était le théâtre grec, où la beauté de la nature rehaussait la beauté du spectacle et lui prêtait un décor d'un éclat incomparable, et une vie qui donnait de la joie aux yeux et à l'âme. Les Grecs appréciaient mieux que nous la beauté. Ils n'auraient pu goûter les laideurs que notre civilisation considère comme des merveilles.

Priène avait de nombreux temples témoignant d'une vie religieuse intense, qui se partageait entre les cultes helléniques et les cultes orientaux. Derrière le théâtre, nous rencontrons une forêt de fûts, des débris de colonnes, un autel, des dalles dont quelques-unes portent des inscriptions. C'est l'emplacement d'un temple dont il ne reste plus guère que des décombres.

Une rue montante, dont les dalles sont encore en parfait état, nous mène à un autre temple érigé, comme le dit une inscription encore lisible, à « Lysimaque, fils d'Artémidor, et à Ischylos, fils d'Apollonias ». Non loin de là, nous nous arrêtons devant le fronton du fameux temple d'Athéna Polias, qui était la déesse protectrice de la cité. Ce merveilleux sanctuaire, du plus pur style ionique, précédé d'un propylée qui se relie à un portique, est l'œuvre du célèbre architecte Pythios, l'auteur du Mausolée d'Halicarnasse, l'une des sept merveilles du monde. Il fut érigé en 334 par Alexandre le Grand. Émergeant des alluvions apportées par le Méandre, il attira l'attention des archéologues et révéla l'existence de la ville qui ne devait revoir le jour qu'à notre époque. L'œuvre de Pythios est l'un des rares spécimens de l'art ionique qui nous aient été conservés : il marque une date dans l'histoire de l'architecture. Les Anglais, ces pillards du Parthénon, ont transporté au British Museum les plus précieux fragments de sculpture, entre autres ceux de la colossale statue de Minerve mentionnée par Pausanias.

L'escalier qui descend du temple nous mène par une longue rue à la ville basse. Nous descendons pendant un quart d'heure par des pentes assez raides. Tandis que nous dévalons, il s'est levé un vent d'une telle violence qu'on a peine à rester en place. J'assujettis mon chapeau à l'aide d'un cordon : il s'envole tout de même avec mes lunettes dont les verres se brisent. Ce vent qui souffle de la mer est chaud, brûlant comme le simoun du désert : je ne me serais pas attendu à le rencontrer sous le beau ciel d'Ionie.

Nous arrivons ainsi au gymnase, un des monuments les plus remarquables et les mieux conservés de Priène. C'est là que les jeunes gens venaient se baigner, s'oindre d'huile et se livrer aux exercices du corps. Il y avait plusieurs salles aux murs de marbre couverts d'inscriptions qui donnent les noms des jeunes gens. Les mots *o topos* y reviennent à l'infini. Les bains des athlètes sont formés de vasques creusées par couples dans d'immenses blocs de marbre blanc. Un canal courait le long des vasques, où l'eau s'échappait de gueules de lion. Cette magnificence donne une idée du luxe et du confort que les Grecs apportaient dans leurs installations de bains. Par l'effroyable chaleur qui nous accable, nous éprouvons devant ces fontaines le supplice de Tantale : quelle volupté n'éprouverions-nous pas à étancher notre soif ! Mais les fontaines ne coulent plus. Et pourtant, il suffirait d'un mince travail pour les remettre en service après des milliers d'ans.

Près du gymnase est le stade où avaient lieu les courses à pied et les exercices athlétiques. C'était une chaussée de 200 mètres de long sur 50 de large, bordée de gradins et d'un portique où l'on s'abritait du soleil et de la pluie. Le stade offre cette particularité qu'il y avait beaucoup plus de sièges d'un côté que de l'autre, disposition qu'on trouve dans la plupart des stades de la Grèce. Comme on peut l'inférer d'un passage de Pausanias, les concurrents avaient à fournir une course tantôt de six longueurs, tantôt de douze longueurs de l'arène, soit environ deux kilomètres et demi. Les exercices du corps n'étaient pas chez les Grecs un divertissement frivole, un simple sport, ils avaient pour but d'entretenir la souplesse des membres et l'harmonie du corps. C'est de la même façon qu'ils envisageaient la danse, qui entrait, comme l'athlétisme, dans l'éducation physique et morale. L'importance qu'attachaient les Priéniens à l'athlétisme est prouvée par l'une des nombreuses inscriptions relevées au gymnase, un décret en l'honneur d'Aulós Aimilios Zôsimos, qui fut inspecteur du gymnase, tuteur de la jeunesse, secrétaire du Sénat, en un mot un personnage considérable qui occupait de nombreuses fonctions et consacrait sa fortune au bien public, organisant des banquets populaires, chauffant des salles de bains, faisant distribuer l'huile dont s'oignaient les éphèbes. Son nom méritait bien de vivre jusqu'à nous, comme celui de son illustre concitoyen Bias.

Il est six heures du soir quand nous franchissons la porte du Sud, d'où l'on embrasse une vue admirable sur la ville antique et sur la plaine du

Méandre, avec ses rideaux de peupliers. Là nous attendent nos chevaux. C'est par une chaleur humide et lourde que nous nous remettons en selle, avec quelques heures de cheval en perspective. Le soleil disparaît bientôt à l'horizon, ce terrible soleil d'Asie que nous avons enduré pendant les heures les plus chaudes du jour. Bientôt nous faisons halte au café turc où nous nous désaltérons, morts de soif, d'un verre de mastic et d'une délicieuse eau fraîche puisée à la fontaine voisine. A peine sommes-nous remontés en selle qu'une fâcheuse aventure survient à notre guide : son cheval s'embarrasse dans le licou et tombe sur le cavalier qui se relève tout meurtri par les pierres du chemin : il se plaint, il gémit, tout couvert de plaies et de contusions, mais il remonte bravement en selle.

Vers sept heures, la nuit tombe, nuit si noire qu'on ne distingue plus rien de la route. Aussi, quand nos chevaux vont à vive allure, j'ai la constante appréhension qu'ils ne buttent contre les pierres invisibles de la piste. Jamais je n'ai tant souffert d'une chevauchée dans les ténèbres. Mais, comme le dit M. Ximenes qui a parcouru à cheval la même route, il y a une Providence pour les voyageurs qui se risquent dans les chemins scabreux de l'Asie Mineure. C'est avec un soupir de satisfaction que nous saluons enfin les lumières de Sokia où nous arrivons très tard dans la nuit.

A l'« hôtel de Priène », où nous soupons, il n'est question que d'une bande de brigands qui infestent les environs de Sokia. Il n'est pas invraisemblable que nous les ayons croisés en route, car nous avons rencontré plus d'une troupe de gens à mine patibulaire, qui semblaient postés tout exprès sur notre passage et nous observaient d'un œil suspect.

En me mettant au lit, je constate que ma chute de cheval et ma dure chevauchée à l'amble m'ont mis dans un état lamentable. J'ai des contusions par tout le corps, et même des plaies ouvertes qui ont laissé sur mon linge des traces sanglantes. Maudits chevaux turcs ! Il me faut renoncer à visiter les ruines de Milet et de Magnésie qui nécessiteraient de nouvelles chevauchées. Et béni soit le chemin de fer qui me conduira à Éphèse !

II. — Éphèse

Au départ de Sokia, je retrouve mon brave guide qui n'a pas manqué de venir à la gare pour me baiser la main. Il me raconte qu'il a traité ses plaies au raki. La recette est merveilleuse, et il est à peu près remis de sa chute de cheval. Et me voilà roulant sur Éphèse de la façon la plus banale possible, en chemin de fer. De Chateaubriand à Maurice Barrès, le voyage en Orient a perdu beaucoup de son pittoresque. Je rencontre dans le train un personnage turc considérable qui parle correctement français : c'est le Vali ou gouverneur de Sokia, fonctionnaire de la jeune génération, très élégamment vêtu, portant d'étincelants bijoux aux doigts et à la cravate. Il a fait son éducation à Constantinople, où il a appris, outre le français, l'italien, l'anglais, l'allemand. Quel contraste entre ce gentilhomme et une bande de vulgaires touristes américains qui déposent dans les filets un arsenal d'armes meurtrières ! Ces terribles Nemrods reviennent d'une chasse dans les montagnes, où ils ont massacré des ours, des sangliers, des cerfs. Ils vous disent tout cela avec l'accent nasillard des Yankees, et je n'en crois pas le quart. Il y a enfin un guitariste qui, sur l'invitation du Vali, fanatique de musique, nous joue de ravissantes mélodies turques qui me rappellent les *canciones* d'Espagne. A Bachalyk, je rencontre l'archéologue Godin, qui vient de faire des fouilles fructueuses à Aphrodisias avec Franz Cumont.

La ligne franchit le Caystre pour gagner la plaine d'Éphèse. Elle laisse à gauche la vallée de Kirkindjé, dont les habitants prétendent descendre des derniers Éphésiens. Là subsistent encore les arches d'un aqueduc qui amenait à Éphèse les eaux des montagnes. On traverse des forêts de figuiers, et l'on descend enfin à Ayassoulouk, la gare d'Éphèse.

Cette gare fut, en 1912, le théâtre d'une horrible catastrophe. Un train spécial, chargé de huit cents soldats turcs, descendait la rampe d'Azizieh. Pour les besoins de la mobilisation on avait dû mettre en circulation tout le matériel. Les troupes étaient entassées dans de vieux wagons fatigués, munis toutefois de freins à air comprimé. Par suite peut-être d'une rupture d'attelage ou de toute autre cause restée inconnue, le train se disloqua dans un tunnel. Pendant que la locomotive poursuivait seule sa marche vers Ayassoulouk où le mécanicien aiguillait sa machine sur une voie de garage et puis prenait la fuite, les freins qui retenaient le train dans le tunnel cédèrent, et le long convoi commença à descendre la pente lentement d'abord, puis avec une vitesse vertigineuse. Dix minutes après l'arrivée de la machine, il traversa la gare d'Ayassoulouk à l'allure de 120 kilomètres à l'heure. Par miracle il avait franchi sans encombre les courbes dangereuses de la rampe et était arrivé dans la plaine. Il aurait pu continuer sa route et s'arrêter sur la contre-pente de Kos-Bounar si, par une terrible fatalité, un train de marchandises ne s'était trouvé sur son chemin, s'approchant d'Ayassoulouk. Ce fut une épouvantable collision. Les vingt premières voitures furent réduites en miettes, formant une montagne de débris et de cadavres. Des centaines de soldats y trouvèrent la mort. Il faudrait mal connaître la mentalité des Orientaux pour penser qu'ils se contentèrent de la version de l'accident. Le mécanicien était un Grec, et l'on ne saurait ôter de la tête des Turcs que les Grecs voulurent, par un abominable forfait, empêcher les troupes d'arriver sur le théâtre de la guerre.

Ayassoulouk est une ancienne ville turque dont les ruines disséminées partout révèlent l'importance qu'elle dut avoir autrefois. Ce n'est plus qu'une pauvre bourgade qui végète près de l'antique Éphèse. La grande mosquée, construite tout entière avec des matériaux arrachés à d'anciens édifices, témoigne à elle seule de la splendeur d'Éphèse. Les colonnes de l'intérieur, qui proviennent soit du gymnase soit du temple de Diane, sont de superbes monolithes de dix mètres de hauteur. Les admirables blocs de marbre blanc de la façade ont été enlevés à la cella de l'Artemisium. De tous ces matériaux antiques les Turcs avaient fait un monument d'architecture mauresque que d'anciens voyageurs ont proclamé supérieur même à l'Alhambra pour le plan et l'exécution. Mais l'état de délabrement de la mosquée ne permet plus d'apprécier la justesse de la comparaison. On ignore même la date de sa fondation. On l'attribue au sultan Isa Bey, qui régnait au quatorzième siècle. Toutes les ruines d'Ayassoulouk, mosquées, bains, cimetières, datent de la période seldjoukide.

Ce qui m'attirait à Éphèse, c'était d'abord le souvenir d'Homère. Si sept villes se disputent l'honneur d'avoir vu naître le poète, Smyrne passe généralement pour son berceau. Mais c'est sur ce point qu'il faut tout d'abord s'entendre. On sait qu'Éphèse portait le nom de Smyrne aux temps homériques, et que ce furent les Éphésiens qui fondèrent la Smyrne actuelle. Homère, s'il naquit dans la nouvelle Smyrne, avait donc pour ancêtres des Éphésiens. Et l'on comprend ainsi qu'il vante la fertilité et les beaux cygnes de la plaine du Caystre.

Ce qui m'attirait encore à Éphèse, c'était le souvenir du fameux temple de Diane, l'Artemisium, l'une des sept merveilles du monde, dont l'emplacement a été retrouvé de nos jours par M. Wood. Reconstruit jusqu'à sept fois, toujours à la même place, détruit deux fois par le feu, il fut chaque fois bâti avec plus de magnificence pour être détruit définitivement lors de l'invasion des Goths, au troisième siècle de notre ère. Depuis lors, ses ruines ont servi de carrière pour les édifices de Constantinople et pour la mosquée d'Ayassoulouk. Les derniers débris trouvés par Wood ont pris le chemin du musée britannique. Ces fragments confirment les descriptions des anciens, les grandes dimensions de l'édifice, la splendeur des *columnae caelatae*, d'ordre ionique. On peut s'imaginer d'après ces fragments l'aspect magnifique que présentaient les trente-six colonnes sculptées qui ornaient le portique du temple, et l'on comprend que pendant des siècles ce monument grandiose fut vénéré comme un lieu de pèlerinage. Pline en a laissé une minutieuse description. La longueur de l'édifice, auquel on travailla 220 ans, était de 425 pieds, la largeur de 220. Il était quatre fois grand comme le Parthénon. La Grèce était si petite auprès de l'Asie! Les colonnes, hautes de 60 pieds, étaient au nombre de 127, dont 36 étaient sculptées, celles du pronaos et du portique. L'édifice était élevé sur un soubassement auquel on montait par dix marches. Toute personne qui se réfugiait dans l'enceinte du temple était protégée par le droit d'asile. L'édifice était consacré à Artémis, dont la statue était d'or, d'après ce qu'assure Xénophon, tandis que suivant d'autres auteurs anciens, elle était en bois de cèdre, d'ébène, ou en un cep de vigne. De tous les points du monde on venait lui rendre hommage et lui faire des offrandes. Une multitude de prêtres et de prêtresses étaient attachés à son service. Et comme elle passait pour faire des miracles et guérir des maladies comme Esculape à Epidaure, la déesse éphésienne attirait de grandes foules qui lui rendaient un culte orgiaque bien différent de celui dont la Grèce honorait la chaste Diane.

Quand Érostrate eut mis la torche au temple d'Éphèse dans cette nuit de l'an 356 où naquit Alexandre, il avoua dans les tourments qu'il l'avait fait dans l'unique but d'éterniser son nom. Et le but fut admirablement atteint. En vain les Éphésiens rendirent un décret qui défendait, sous peine de mort, de prononcer le nom d'Érostrate, ce décret même devait en perpétuer le souvenir, et tous les historiens de l'antiquité ne manquèrent pas de désigner le coupable depuis Pausanias jusqu'à Cicéron. Du temps de Pausanias, il ne restait du superbe édifice que les quatre murs et des colonnes qui s'élevaient au milieu des décombres. La flamme avait consumé le toit et les ornements qui décoraient la nef. Tous les citoyens voulurent contribuer à le rétablir, et les femmes y sacrifièrent leurs bijoux[1].

Le Parthénon a bravé les siècles. Du temple de Diane, qui était bien autrement vaste, on avait perdu jusqu'au souvenir de son emplacement, qui n'a été retrouvé que de notre temps, à sept stades des murs d'Éphèse, comme l'avaient indiqué les auteurs anciens. Je n'y ai rien vu que, çà et là, une pierre, un débris de marbre insignifiant, mais pas le moindre vestige de sculpture. C'est la solitude absolue. Là où les foules accouraient de tous

1. Pausanias, livre IV, chap. XXXI.

les points du monde, je n'entends que le cri mélancolique de la cigale et le bêlement d'un mouton.

Il semble que la malédiction divine pèse sur ces lieux où le culte d'Artémis dégénérait en fêtes orgiaques et en débauches insatiables. Toutes les filles lydiennes se livraient à la débauche, elles y gagnaient leur dot et continuaient ce commerce jusqu'à leur mariage. C'était pour elles une obligation religieuse de se rendre au temple de Diane avant leur mariage et de s'abandonner aux étrangers. On a peine à croire que la prostitution fût une des formes du culte de la déesse de la chasteté, si Hérodote n'en témoignait[1]. Une autre religion vint, qui changea la face du monde. Et du plus beau temple de l'antiquité il ne reste plus que l'emplacement désert.

Il est intéressant de rapprocher le sort d'Éphèse des fameuses prophéties par lesquelles débute l'Apocalypse de saint Jean. Des sept prophéties visant les sept églises, il n'en est pas une qui ne se soit accomplie à la lettre. Si les sept églises désignées avaient toutes eu le même sort, on pourrait en conclure que ce fut le temps qui fut leur

1. Hérodote, I, 93.

seul destructeur. Or, trois sur les sept furent détruites : Éphèse, Sardes et Laodicée. Les quatre autres, Smyrne, Pergame, Thyatira et Philadelphie, trouvèrent grâce. Il est remarquable que les oracles de la Sibylle prédirent la ruine de maintes villes de l'Asie Mineure qui ont subsisté. Si les prophéties sacrées s'étaient basées, comme les prophéties païennes, sur de simples probabilités, il semble évident que la brillante métropole de l'Asie Mineure n'aurait pas été l'objet d'une malédiction. Qui eût pu croire à l'anéantissement du boulevard de l'Asie où résidaient les fastueux princes ioniens à l'ombre du merveilleux temple de Diane !

Sous la domination turque, qui anéantit totalement l'ancienne population de la contrée pour la remplacer par des tribus mongoles, on perdit jusqu'au souvenir du temple si fameux. Pendant des siècles on en ignora complètement l'emplacement, en dépit des recherches des archéologues. Et il fallut toute la ténacité de Wood et huit années de travail pour le découvrir, en 1871, à 6 mètres de profondeur.

Que reste-t-il des autres monuments d'Éphèse ? Des ruines éparses, la plupart vagues et informes, des décombres qui laissent une lamentable déception après Priène, cette ville rendue tout entière à la lumière du soleil d'Ionie, avec ses rues, ses maisons, ses édifices publics.

Suivons la voie sacrée qui faisait le tour du Mont Pion. On y reconnaît les soubassements des nombreux tombeaux grecs, romains, byzantins dont elle était bordée, les vestiges de la colonnade qui abritait les processions se rendant au temple d'Artémis, les deux grosses tours dont était flanquée la porte de Magnésie. Partout ce sont des ruines d'édifices sur la destination desquels règne la plus grande incertitude. M. Wood a mis au jour ce qu'il croit être une basilique romaine, tandis que d'autres y voient une église chrétienne, à cause de l'hémicycle qui terminait l'édifice. Même incertitude sur un monument circulaire, prétendu tombeau de saint Luc, qui semble en réalité être un ancien temple converti en chapelle chrétienne. Un autre petit édifice a été baptisé du nom de Marché aux Laines, à cause d'une inscription annonçant qu'il fut érigé par les marchands de laine. Le gymnase d'Opistholépré est beaucoup plus délabré que celui de Priène. On y a pourtant retrouvé des restes de tuyaux de chauffage. Une des salles était bordée de terrasses et ornée de statues toutes disparues, sauf celle transportée à Smyrne. L'Odéon rappelle celui d'Athènes dont il offre les mêmes dispositions, avec ses gradins en marbre blanc, où pouvaient s'asseoir plus de deux mille spectateurs, et son proscénium percé de cinq portes.

On descend ensuite dans la ville proprement dite, où se concentrait la vie des Éphésiens, à l'agora, au stade, au grand gymnase, au théâtre, au forum. L'agora était une place rectangulaire autour de laquelle régnait un portique abritant les boutiques et les magasins. Le stade était une longue arène dont un côté s'appuyait sur la montagne. On reconnaît la trace des gradins, des corridors, des vomitoires. Comme au stade de Priène, il y avait un plus grand nombre de sièges d'un côté de l'arène que de l'autre. Falkeneer a calculé que le stade pouvait recevoir 76 000 spectateurs. Si ce calcul est exact, on peut se faire une idée de la population de l'ancienne métropole asiatique. Mais comme tous les sièges ont disparu, on peut se demander si le chiffre n'est pas exagéré.

Le forum voisin du stade était un carré long au centre duquel un bassin entouré de colonnades répandait la fraîcheur pendant les jours chauds.

Près du forum sont les ruines du grand gymnase, si considérables qu'elles passaient autrefois pour celles du temple de Diane. Elles font songer aux thermes de Rome. Les voûtes reposaient sur des colonnes qui ont servi à la construction de la grande mosquée d'Ayassoulouk. Outre le grand gymnase, il y avait à Éphèse plusieurs autres gymnases. Les tuyaux qu'on y a retrouvés attestent qu'on y prenait des bains de vapeur. Il y en avait à proximité de tous les édifices publics, près du théâtre, près du stade, près du forum, près de l'agora. Les Éphésiens étaient si efféminés que, sitôt les affaires publiques terminées, c'était un besoin pour eux de courir se délasser aux bains chauds du gymnase. Ils voulurent un jour lapider l'homme des bains parce que l'eau n'était pas assez chaude à leur gré. Apollonius de Tyana, qui rapporte le fait, plaisante les Éphésiens à cause de cette horreur de l'eau froide.

On ne peut se défendre d'une impression profonde quand on arrive devant le théâtre d'Éphèse. On éprouve, comme devant le Colysée de Rome, l'impression du gigantesque. Creusé dans les flancs du Mont Pion, c'était le plus grand théâtre de l'antiquité. Il pouvait réunir des foules énormes, car il servait non seulement aux jeux scéniques, mais encore aux assemblées populaires. Plus de vingt-quatre mille spectateurs pouvaient s'asseoir à l'aise sur les gradins dont les sièges ont tous disparu. Ce qui subsiste du proscénium domine une forêt de décombres, prodigieux amas de marbres, tronçons de colonnes, fragments de frises, débris de statues, chapiteaux doriques ou corinthiens, piliers ronds ou carrés, voûtes et plafonds qui ont croulé les uns sur les autres, à la suite de quelque tremblement de terre, et dont l'ensemble donne l'impression d'une effroyable déroute. Voilà ce qui reste de ce théâtre où se déroulèrent les événements que raconte le chapitre XIX des Actes des Apôtres. Quel contraste entre la grande voix de Paul, l'ourdisseur de tapis qui devait bouleverser le monde, et celle de l'orfèvre Démétrius, le petit tribun !

La nuit tombait tandis que j'achevais le tour du Mont Pion. Délicieuse nuit d'Ionie, dont le charme était rehaussé par le concert des cigales. Que de fois l'Ionien Homère a dû entendre ce chant des cigales qui favorise si bien l'inspiration poétique ! La douceur de l'air, la solitude, les ruines des aqueducs, tout me rappelait la campagne romaine tandis que je regagnais le gîte d'Ayassoulouk.

Le lendemain, je me suis levé de bonne heure pour faire l'ascension du Mont Pion par un sentier ardu exposé à toutes les ardeurs du soleil. Est-ce là la montagne dont Pausanias vante l'extraordinaire fertilité, et dont le nom signifie richesse et abondance ? Est-ce là la montagne qui, au temps de Pline, était couverte d'habitations particulières et dont la cime était couronnée par l'Acropole ? Le sommet est un affreux désert couvert de chardons et infesté de nids de fourmis. Ce n'est qu'avec les plus grandes difficultés que j'ai pu gagner, à travers les ronces et les pierres, cette cime d'une âpre sauvagerie. Mais j'ai été récompensé de mes peines par un panorama d'une grande étendue. J'avais à mes pieds, d'un côté, la mosquée et le vieux château franc d'Ayassoulouk, de l'autre côté, les ruines d'Éphèse, le théâtre, l'agora, le gymnase, et, au sommet d'une colline, une tour, dernier vestige des murs d'enceinte. A l'horizon brillait la nappe bleue de la mer Égée.

C'est du sommet du Mont Pion qu'on peut le mieux se rendre compte de la topographie d'Éphèse, qui soulève des problèmes compliqués. Il n'est pas de question plus discutée que celle du port d'Éphèse. Les alluvions du Caystre ont tellement modifié l'aspect du pays qu'on a peine à s'imaginer que les vaisseaux pouvaient aborder à Éphèse. Et pourtant, au témoignage de Pline et d'Hérodote, le golfe qui se trouve aujourd'hui à douze kilomètres des ruines baignait autrefois la plaine d'Éphèse. La mer venait expirer au pied de la colline d'Ayassoulouk. Les auteurs anciens mentionnent plusieurs ports à Éphèse. C'était d'abord le port intérieur, reconnaissable dans le marais qui s'étend du grand gymnase à la prison de saint Paul. Il est question chez les anciens d'un port sacré et d'un Panormos qui ne seraient en réalité qu'un même port : situé plus près de la mer que le port intérieur, il pouvait recevoir les grands navires. C'était le port vaste et sûr dont parlent les anciens. C'est dans ce port qu'aborda Antoine et que Cléopâtre vint à sa rencontre. C'est dans ce port que le rival d'Octave concentra sa flotte en vue de son expédition en Perse et que vinrent les vaisseaux que les princes d'Orient lui envoyèrent sur son ordre. Quel éblouissant spectacle dut offrir Éphèse en cette année 33, lorsque de tous les points d'Orient et d'Occident y affluaient les vaisseaux et les troupes commandés par les rois d'Asie et d'Afrique, et la flotte égyptienne conduite par la reine Cléopâtre ; lorsque dans les rues et les carrefours de l'antique cité asiatique soldats et marins des contrées les plus éloignées se mêlaient à la foule des hétaïres, des bateleurs, des danseuses, des musiciens et des comédiens, quand c'étaient tous les jours des fêtes, des festins, des cortèges, des spectacles autour de la fastueuse reine qui présidait aux orgies ! L'histoire a gardé l'écho de ces honteuses bacchanales qui annonçaient la fin de l'Égypte, à la veille de cette bataille d'Actium à laquelle aboutit la guerre de Cléopâtre contre Rome. Le récit que nous en a laissé Plutarque est vivant, mais il se trompe en disant que ces fêtes, qui préludèrent à l'agonie d'Éphèse, eurent lieu à Samos[1].

N'est-il pas déconcertant de penser qu'une antique métropole, qui devait être aussi étendue que nos métropoles modernes, ait disparu de la face de la terre au point que son port même n'ait pas laissé de trace, que les multitudes affairées qui se pressaient sur les quais se soient évanouies au point qu'on ne sait rien de leur histoire ! Peut-être

1. Guil. Ferrero, *Antoine et Cléopâtre.*

est-ce à Éphèse que songeait Macaulay dans cette page célèbre où il campe sur les ruines de Londres un voyageur venu de la Nouvelle-Zélande. Tout ce que nous savons, c'est que pendant des siècles Éphèse fut la reine de l'antiquité. Grâce à son admirable situation, elle fut le grand entrepôt commercial de l'Asie Mineure. Elle échangeait les produits de la Grèce et de l'Égypte avec ceux de la Perse et de l'Asie Centrale. A cause de ses richesses elle éveilla la jalousie des monarques perses. Après avoir longtemps lutté pour son indépendance, elle dut appeler à son aide les Grecs, dont le protectorat dégénéra en une cruelle oppression. Puis elle tomba au pouvoir des Romains, fut ravagée par les tremblements de terre, et finalement détruite par les Goths. Et là où elle s'élevait dans sa gloire dorment des marais qui empoisonnent l'atmosphère. Cette région, si renommée autrefois pour son air pur, est devenue une contrée insalubre, pestilentielle et fiévreuse. Longue est la liste des voyageurs qui ont laissé leurs os dans cette nécropole sur laquelle semble planer la mort[1].

Le voyageur ne devrait voir Priène qu'après

1. Texier, *l'Asie Mineure*, Préface.

avoir vu Éphèse. On rapporte de Priène une claire sensation de vie, d'Éphèse une triste sensation de mort. Un ancien voyageur français[1] disait, en parlant des ruines d'Éphèse, qu'on ne peut s'y reconnaître en dépit de tous les travaux qu'elles ont suscités. Rien n'est plus vrai. Il est impossible de se retrouver dans le dédale d'opinions contradictoires des savants qui s'y sont aventurés. Si bien que les voyageurs qui partent à la découverte des édifices de cette cité fameuse entre toutes en savent moins après leur visite qu'ils n'en savaient avant. Nombre d'entre eux ont pris les ruines du grand gymnase pour les vestiges du temple de Diane. Certains y ont vu les restes d'une église, d'autres un temple païen. Il en est qui ont considéré les ruines dispersées dans la plaine d'Éphèse comme formant les dépendances du temple de Diane, et qui ont proclamé qu'Ayassoulouk occupe l'emplacement de la ville même. D'autres se sont mis en tête que les sept églises de l'Apocalypse étaient en pierre et en briques, et ont pris le grand gymnase pour une cathédrale, voyant des emblèmes chrétiens dans les représentations de la

1. Camille Lebrun, *Voyage au Levant.*

mythologie païenne. Il n'est pas jusqu'à la grande mosquée d'Ayassoulouk qu'ils n'aient prise pour l'une des sept églises de l'Apocalypse [1]. On a été jusqu'à donner une origine chrétienne aux restes d'une fontaine, celle dont se servait prétendument saint Jean pour baptiser les païens. Enfin, une tour qui faisait partie des murs d'enceinte a longtemps passé pour la prison de saint Paul et figure toujours sous cette appellation sur le plan des ruines. On n'en finirait pas de rappeler toutes les légendes absurdes qui ont eu cours et ont encore cours sur les édifices d'Éphèse.

C'est dans les montagnes au sud d'Éphèse que l'on a retrouvé la maison de Panaghia-Capouli décrite par une vierge bavaroise, Catherine Emmerich, comme étant celle même où la Vierge Marie aurait passé les neuf dernières années de sa vie et où elle serait morte. La voyante raconte que la sainte Vierge a séjourné à trois lieues d'Éphèse, dans une maison bâtie pour elle par saint Jean, dont elle fait une description d'une extraordinaire précision. Je n'ai entendu parler à Smyrne et à Éphèse que de la récente et inattendue découverte

1. Van Egmont et Heyman, cité par Falkeneer.

de cette maison, qui répond parfaitement aux minutieux détails donnés par l'humble solitaire qui n'était jamais sortie de sa cellule. La maison est à moitié ruinée, et l'on pense bien qu'après deux mille ans elle n'est plus absolument telle que l'a vue la voyante. Mais ce qui est bien surprenant, c'est que, même dans son état actuel, elle peut être reconstituée dans son ancien état, et qu'on y reconnaît toutes les grandes lignes indiquées dans la description, et même le site et le paysage. Aussi cette découverte a-t-elle eu un grand retentissement, et Panaghia-Capouli est devenu un lieu de pèlerinage qui attire beaucoup de visiteurs. Jérusalem et Éphèse se disputent l'honneur de posséder le tombeau de la sainte Vierge. La récente découverte apporte un sérieux élément à la controverse qui dure depuis des siècles et que les plus doctes n'ont pu trancher. L'événement a suscité de nouvelles et ardentes discussions, et les adversaires ne sont pas près de désarmer. Je n'ai pu visiter Panaghia-Capouli. C'est jouer de malheur que d'être à Éphèse dans la saison des fièvres. Le pays est infesté de moustiques minuscules. Une attaque de paludisme causée par les marécages de la région m'oblige à reprendre le chemin de Smyrne.

III. — Olympie

Entrer dans un port turc est facile. Sortir d'un port turc est une autre histoire. En Turquie, il faut passer par la douane à la sortie comme à l'entrée. Pour cette deuxième visite, il faut débourser quelques piastres, tout comme pour la première. Livres et journaux subissent un rigoureux examen. On comprend pareille précaution à l'entrée ; mais pourquoi à la sortie ? Mystère et doux pays ! Ce n'est qu'après avoir subi ces formalités que je puis m'embarquer sur un vieux sabot grec, l'*Hélios*, commandé par un Dalmate qui parle toutes les langues. Ce bateau est encombré de Grecs se rendant à Syra et au Pirée, entre autres un pauvre fou inoffensif qui me poursuit de ses obsessions. Pendant toute la traversée, il souffle un vent du nord horriblement chaud, qui ne nous laisse point de répit, même quand nous sommes au repos dans la rade de Syra. Où sont donc les charmes de ces Cyclades tant vantées ? Est-ce là l'archipel grec ? Je n'y ai vu que des rochers nus et pelés, aussi destitués de toute végétation que les îlots rocheux semés le long du littoral norvégien. Nous doublons e cap Colonna, l'antique Sunion, pointe extrême de l'Attique, que couronnent les ruines du temple de Minerve où le divin Platon venait disserter avec Aristote. Les lignes du paysage sont nobles, mais pas la moindre verdure. C'est un paysage jaune et sans couleur, comme tous les paysages de l'Attique.

Le Pirée, où nous débarque l'*Hélios*, n'a de glorieux que son nom, qu'un Béotien prenait pour celui d'un homme. Rien de plus banal que le port actuel, odieux faubourg d'Athènes. La vue lointaine de l'Acropole compense seule la laideur du paysage, dont la nudité dépasse encore celle des paysages de l'archipel. Peut-être dans l'antiquité y avait-il de la verdure là où l'on n'en voit plus un pouce. On pourrait le croire d'après la poétique description que nous a laissée Platon des bords de l'Ilissus ; mais si cette description est fidèle, Platon ne s'y reconnaîtrait plus aujourd'hui. Depuis que les Turcs ont passé par là, ils n'ont pas laissé un arbre. Cette nudité de l'Attique dépasse tout ce qu'on peut imaginer. La verdure est si rare, que j'ai vu une chèvre broutant un mur !

Pour me rendre du Pirée à Patras, j'ai préféré la route maritime au chemin de fer, afin de jouir de la vue du littoral méridional du Péloponèse. Tandis que le bateau la *Juno* s'éloigne du Pirée, je ne puis détacher les yeux des lignes si pures et si nettes de l'Acropole et du Lycabette qui, dans la claire atmosphère de l'Attique demeurent visibles pendant deux heures. Le soleil de Grèce se couche dans un ciel d'apothéose, derrière les cimes lointaines du Péloponèse, et les étoiles, comme des lampes d'or, se lèvent dans la nuit d'une merveilleuse luminosité. Et je comprends une fois de plus le mot de Jean Bart : « Si tu veux apprendre à prier, va sur mer ! »

Pendant la nuit, nous doublons le cap Matapan, pointe sud du Péloponèse, et je m'éveille en rade de Kalamata, où la *Juno* doit faire un chargement de figues. Et je comprends maintenant les airs entendus que j'ai cru remarquer à l'agence du Pirée, lorsque je disais mon intention de m'embarquer sur la *Juno*. Comme le chargement ne se fait que la nuit, parce que les ouvriers grecs se refusent à travailler dans la chaleur du jour, la *Juno* passe toute une journée et toute une nuit en rade. Et pendant dix-neuf heures je me morfonds d'ennui, car il ne faut pas songer à aller à terre, la ville étant très éloignée du mouillage. Kalamata, chef-lieu du nome de Messénie, n'offre d'ailleurs d'autre intérêt que son commerce de figues et de corinthes. La seul ressource pour tuer le temps est une petite bibliothèque que j'ai dénichée à bord. Je pousse un soupir de satisfaction quand nous partons le lendemain, chargés de figues à couler bas. Nous naviguons tout le jour en vue de la côte occidentale du Péloponèse.

L'aurore éclairait les grandioses montagnes de l'Hellade au moment où le navire entrait dans le golfe de Patras. Au pied de ces montagnes s'étale le marais de Missolonghi, où Byron, las de vivre, termina sa tragique existence. Dès que la *Juno* eut mouillé dans le port de Patras, chef-lieu du nome d'Élide et d'Achaïe, je sautai dans une chaloupe pour ne pas manquer le départ du train d'Olympie. Après la visite de la douane grecque, plus expéditive que la douane turque, mon facchino fit arrêter au passage le train déjà en route, me poussa dans une voiture, et alla acheter mon billet sur lequel il m'escroqua quelques drachmes, outre celles qu'il me réclama pour ses services. Le train ne se remit en marche qu'après le signal du facchino. Ces mœurs bucoliques se concilient en Grèce avec les règlements administratifs. Les voitures du train sont ouvertes à tous les vents, car il fait abominablement chaud. La voie, qui court le long d'une mer d'un bleu d'indigo, traverse l'ancienne Élide, un vrai jardin où vécut ce roi légendaire qui avait nom Augias, un des Argonautes dont Hercule se chargea de nettoyer les écuries, non le moins méritoire de ses douze travaux. Aujourd'hui, cette plaine fertile qui descend doucement vers la mer, est toute couverte de vignobles qui produisent les raisins qu'on exporte du Péloponèse sous le nom de corinthes. C'est le temps de la récolte.. On fait sécher quinze jours le raisin au soleil, sur des aires parfaitement planes. Parmi les bois d'oliviers s'élancent des eucalyptus qui sont, paraît-il, un protecteur contre la malaria. Les troupeaux de moutons sont gardés par des pâtres en fustanelle, coiffés du fez ou du turban. Les villages, très nombreux, rappellent les villages d'Espagne, avec leurs maisons en pisé, aux toitures de tuiles grisâtres. Les paysans portent de vieux vestons qui jurent avec la pittoresque fustanelle. A gauche surgissent sous un ciel ardent, d'un bleu intense comme le ciel de Castille, les monts lointains de l'Arcadie. A droite on distingue l'île de Zante, la fleur du Levant. Les stations se succèdent très nombreuses : des bambins y offrent aux voyageurs des figues, des pêches, avec la dernière édition du journal *O Pelo-*

ponesos. A Pyrgos, embranchement de la voie du sud, on change de train pour Olympie et l'on s'engage dans la vallée de l'Alphée, longeant la voie sacrée que dominent de gracieuses collines aux lignes molles et onduleuses.

Et nous voici à Olympie. Je gagne à pied, par une chaleur de 30 degrés, l'unique hôtel où j'ai retenu une chambre par télégraphe, précaution bien inutile, car en cette saison il n'y a pas un seul voyageur. J'y déjeune d'une omelette aux olives et d'un quartier d'agneau arrosé d'un petit vin rouge de Patras. Ma chambre, blanchie à la chaux, est fraîche, protégée contre le soleil par des volets verts. J'y déniche sous le sofa le livre des voyageurs, où je lis les noms, à l'encre pâlie, de plus d'un ami qui sont venus goûter avant moi les charmes de cette même chambre. Et voilà un nouveau lien entre nous !

Comme il fait trop chaud pour affronter le soleil, dirigeons-nous vers cet édifice qu'on aperçoit au haut de la colline surgissant de l'autre côté de l'Altis, sur la rive droite de l'Alphée. C'est le musée d'Olympie, construit aux frais d'un banquier d'Athènes. On y a réuni les antiquités que les fouilles ont mises au jour. La salle d'entrée, d'une grandeur et d'une simplicité éloquentes, a des dimensions suffisantes pour qu'on ait pu y reconstituer les deux frontons du temple de Zeus, dont les sculptures sont disposées sur des cimaises, le long des parois latérales, dans l'ordre imposé par leur cadre triangulaire. Ces sculptures ont été retirées presque intactes des dépôts de l'Alphée, qui les ont protégées pendant des siècles contre les dévastations des barbares. Là où manque un bras ou une jambe, les parties mutilées sont si bien rajustées par des appareils en fer qu'on peut aisément se représenter les deux scènes en imagination. Ces sculptures sont d'un art plus ancien que celui du Parthénon, mais l'annoncent déjà par des lignes fermes et vigoureuses. Le fronton occidental, que Pausanias, le Joanne de l'antiquité, attribue au sculpteur Alcamène, représente le combat des Lapithes et des Centaures aux noces de Pirithoüs, une des légendes qu'affectionnaient les artistes grecs qui l'ont traitée au Parthénon, au temple de Thésée, au temple de Phigalie. Pausanias donne de ce fronton occidental une description assez confuse : il prend pour Pirithoüs le personnage central et ne mentionne que neuf figures alors qu'on en compte vingt et une, parmi lesquelles on reconnaît Thésée, combattant avec une hache contre les Centaures, dont le roi Eurytion enlève la femme de Pirithoüs. Apollon est au centre de la scène, étendant le bras droit et contemplant le combat d'un œil dominateur et souverain. Son air calme et serein contraste avec la fureur de la bataille, d'un réalisme extraordinaire. Ce n'est pas encore la sûreté d'un Phidias, ce sont les audaces d'un art jeune et inexpérimenté, d'où devait naître l'art attique.

Le fronton oriental, qui occupe le mur opposé, est d'un tout autre caractère. Ce n'est plus le déchaînement des passions humaines, de la force brutale, c'est la grâce et la majesté calme. L'œuvre, attribuée à Paeonios, représente, suivant les uns, la fondation des jeux olympiques, et suivant Pausanias, les préparatifs du concours de chars entre Pelops et Aenomaos, roi étolien de Pise, à qui un oracle avait révélé qu'il serait tué par son gendre; il avait imposé aux prétendants de sa fille Hippodamie un concours de chars, à condition que le vaincu perdrait la vie. Treize prétendants avaient déjà péri, quand Pélops, le quatorzième, réussit à vaincre le roi par la ruse et obtint la main d'Hippodamie et le royaume de Pise. Jupiter, dans toute sa majesté, domine le groupe de sa haute stature : il n'en reste que le puissant torse nu, d'une magistrale facture ; sans doute il portait un sceptre dans sa main. A ses côtés se tiennent debout le roi Aenomaos, armé de la lance, et le jeune Pélops, qui tenait d'une main le bouclier, de l'autre la lance. Deux femmes debout, largement drapées, complètent le groupe central : Stéropé, la femme du roi, et Hippodamie, le prix de la victoire. Puis, des deux côtés, les attelages de chevaux et dans les angles, le fleuve Alphée et le Cladeos, qui contemplent la scène avec une curiosité mêlée d'anxiété.

Les deux frontons, si bien restaurés qu'on peut les considérer comme les deux chefs-d'œuvre de l'art péloponésien, ne sont pas les seuls trésors qu'aient exhumés les fouilles d'Olympie ; nous leur devons aussi les restes des bas-reliefs qui décoraient la frise de la cella du temple de Zeus ; ces métopes, qui étaient au nombre de douze, représentaient les douze travaux d'Hercule. Elles sont encastrées dans les parois de la salle. Ces bas-reliefs rappellent ceux du Théséion d'Athènes, qui représentent le même sujet ; mais ils sont d'un art plus archaïque et moins raffiné.

Tous les voyageurs célèbrent à l'envi l'Hermès

qui se trouve dans un cabinet voisin de la salle centrale, scellé au mur par une barre de fer, par précaution contre les tremblements de terre auxquels est exposé le sol de l'Élide. La statue, en marbre de Paros, est posée sur un piédestal carré qui est la copie exacte du piédestal original. Le nom de l'artiste n'y est point, mais Pausanias nous le révèle : il nous dit que cet Hermès de marbre, qu'il a vu dans l'Héraïon, portant Dionysos tout enfant, est l'œuvre de Praxitèle. On ne peut donc douter de l'authenticité de la statue, qui a été retrouvée à l'endroit même où la vit Pausanias, dans le temple de Junon. Le marbre est aussi beau que s'il sortait de l'atelier. Le dieu est représenté debout, portant sur le bras gauche l'enfant à qui il montre du bras droit, malheureusement perdu, un objet, sans doute une grappe de raisin, qui excite sa convoitise. Quand on retrouva, en 1877, merveilleusement conservée, cette œuvre de Praxitèle, on proclama que c'était la plus belle découverte qu'on eût faite dans les fouilles d'Olympie. Même le *Guide Joanne*, dans une page presque lyrique, prépare le visiteur à l'émotion qu'il éprouvera à se trouver, dans ce coin solitaire de l'Élide, en tête à tête avec le chef-d'œuvre accompli de la sculpture grecque. Eh bien ! cette émotion trop attendue, je ne l'éprouve pas devant cette gracieuse et exquise sculpture. Le sourire du dieu, la souple cambrure de sa poitrine qui semble respirer, les lignes harmonieuses du cou et des cuisses, tout cela est, certes, d'une facture sans défaut. Mais après les scènes tragiques des deux frontons, après la brutalité tout animale des Lapithes et des Centaures, j'avoue que j'ai comme une déception devant ce délicieux marbre si achevé, si peigné, si élégant. Cet Hermès et ce Dionysos ont beau être isolés dans un petit salon où on les a mis à part, ils n'y sont pas à leur place. Oui, je suis déçu. Et dans cette déception entre peut-être pour quelque chose le souvenir de ces touristes qui, venus à Olympie pour recevoir le choc grec, s'écriaient, le guide à la main : « Ici, c'est l'Ernest de Praxitèle ! »

Il est six heures du soir. La chaleur n'est plus aussi écrasante. Je gravis le mont Kronion par un sentier ardu où je trébuche vingt fois sur les aiguilles des pins dont la montagne est couverte, et auxquels se mêlent les houx et les lauriers sauvages. Je dérange en chemin une petite tortue en train de dévorer une figue : elle jette un petit sifflement au moment où j'interromps son repas.

Ce petit incident montre ce qu'est devenu le lieu autrefois le plus couru de la Grèce : une solitude.

Du haut du Kronion on embrasse toute la vallée d'Olympie. Le site est d'une beauté chaste, calme, paisible, et le bêlement des chèvres, en lui donnant un caractère idyllique, ajoute encore à l'impression de solitude. Mais rien d'empoignant ni de grandiose. C'est un paysage tranquille, et l'on a peine à concevoir que les anciens l'aient choisi pour en faire le rendez-vous de toute l'Hellade qui venait acclamer ici les vainqueurs des jeux olympiques. On le comprend d'autant moins que, de l'aveu de Pausanias, la vallée d'Olympie était un des endroits les plus humides de la Grèce, et que le fleuve rageur de l'Alphée et les éboulements du Kronion ont contribué à l'ensevelissement de l'Altis. La nature s'est chargée d'achever l'œuvre des édits impériaux qui interdirent pour toujours les jeux d'Olympie. Et le silence s'est fait autour de l'Altis.

C'est du haut du Kronion que l'imagination peut le mieux se représenter ce qu'était l'enceinte sacrée avec ses quarante temples et ses mille statues de marbre, d'airain et d'or, qu'ombrageaient les oliviers et les platanes, cadre merveilleux dans lequel se déroulaient les cérémonies religieuses qui précédaient les grands concours des jeux olympiques : processions, ablutions, chœurs, serment prêté par les athlètes et les juges du camp sur l'autel de Zeus, offrandes portées sur la statue colossale du dieu sculpté par Phidias. L'œil cherche l'emplacement du bois sacré où défilaient, dans une sorte d'apothéose, les vainqueurs couronnés d'olivier et acclamés par une foule en délire, pendant que les vaincus fuyaient honteux et se cachaient dans l'ombre pour ne pas voir le triomphe de leurs rivaux. Il n'était pas, au dire de Pindare, de plus belle victoire que celle d'Olympie. C'était le plus beau titre de gloire que l'on pût envier. Mais la corde qui faisait vibrer le poète de Thèbes ne résonne plus en nous. Le bois sacré n'est plus, les temples ont disparu, le culte de Zeus est mort. Les pages des Renan et des Schuré sur les sanctuaires de la Grèce ne nous apparaissent que comme de belles pages de rhétorique. Quant au « galimatias de Pindare », comme l'appelait Malherbe, s'il transportait ses contemporains, il ne nous émeut plus. Car nous ne verrons plus jamais les foules accourir aux jeux du stade et de l'hippodrome.

De grand matin je suis debout pour visiter le

champ de fouilles avant que le soleil ne soit haut sur l'horizon. Je traverse le Kladéon sur un pont croulant qui réunit les parois d'argile à pic entre lesquelles coule le mince torrent que doivent gonfler les pluies d'hiver. A quelques pas du pont, je me trouve devant ce que mon plan dit être la palestre ; j'y suis rejoint par un guide qui m'a épié. Il me promène à travers d'innombrables débris, parmi lesquels surgissent les énormes bases d'une colonnade disparue. Je devine que c'est ici le temple de Zeus. De ce monument, qui fit l'admiration de l'antiquité, de la cella où trônait Jupiter Olympien, voilà tout ce qui reste. Où est la statue de treize mètres de hauteur taillée par Phidias dans l'or et l'ivoire, étincelante de pierres précieuses ? Où sont les trésors décrits par Pausanias, les boucliers d'or, les peintures, les tapisseries merveilleuses ? Il n'y a plus rien. C'est là le champ de fouilles ? Un chaos de ruines, où il est impossible de se reconnaître, tant tout cela est confus et embrouillé. J'ai beau consulter mon plan, je ne m'y retrouve plus. Et au lieu de l'émotion sur laquelle je comptais, j'éprouve la même complète désillusion qu'a laissée à Georges Toudouze « la Grèce au visage d'énigme ». Il faut un trop grand

ATHÈNES. — Erechthéion et Cariatides.

effort d'imagination pour essayer de se figurer ce qu'était cette enceinte sacrée de l'Altis où l'on ne voit plus que les lézards se chauffant au soleil, au milieu des tambours de colonnes qui ont roulé les unes sur les autres, comme ferait une pile de pièces d'argent.

Non, je n'ai pas trouvé ce que je suis venu chercher sur les bords de l'Alphée. Je n'ai pas éprouvé ici l'émotion du grand que laisse le Colysée, du beau que laisse le Parthénon. Le vide peut-il faire naître l'enthousiasme ? Que m'importe que les antiquaires discutent à perte de vue sur l'emplacement de l'autel de Zeus, de l'Héraïon, du Métroon, du Bouleuthérion ! De tout cela il n'y a plus rien. Des pierres, des pierres et des pierres ! Olympie au nom prestigieux n'est plus qu'une désespérante curiosité archéologique. Ainsi en est-il de la plupart des champs de fouille de la Grèce. Une grande désillusion attend ceux qui, dans leur enthousiasme pour l'antiquité, s'imaginent y trouver autre chose qu'un champ de souvenirs. On s'irrite de ne pouvoir se représenter ce qu'était autrefois l'Altis couverte de bois d'oliviers et de platanes dont il ne reste plus la moindre trace. On déplore de ne pouvoir qu'évoquer en esprit les temples qu'ombrageait le bois sacré, de ne pouvoir ressusciter les cortèges religieux chantant des hymnes au milieu de la fumée des sacrifices.

Olympie, bouleversée par les tremblements de terre, ensevelie pendant des siècles sous les alluvions de l'Alphée, n'est plus que le néant des gloires passées. Faut-il regretter ces gloires ? A songer aux mille statues qui ornaient l'enceinte d'Olympie, on ne peut s'empêcher de faire cette réflexion que ce n'étaient, après tout, que des statues d'acrobates. Les Grecs de la décadence en étaient donc arrivés à ne plus faire cas que des acrobates. Quand cette profession est considérée comme une des plus estimables, c'est le signe certain que la civilisation est sur la pente de la décadence. Olympie, qui aurait pu être la Rome de la Grèce, ne fut jamais ni une capitale ni un grand centre industriel et commercial. Ce ne fut, pendant plus de mille ans, qu'un sanctuaire et un cirque où tous les Grecs se rencontraient pendant un temps.

IV. — Mycènes

Après Olympie, il faut voir Mycènes, l'autre face du Péloponèse. Les deux faces offrent le plus violent contraste. Comme il n'y a pas encore de chemin de fer direct à travers la péninsule, il faut regagner Patras.

Cette ville moderne, avec ses grandes places publiques et ses rues bien alignées, n'a rien qui rappelle la ville superbe décrite par Pausanias, où Antoine et Cléopâtre passaient l'hiver dans les plaisirs, lorsque Octave les attira devant Actium. Une promenade en voiture dans les environs de la ville m'a fait comprendre que la fière reine d'Égypte et son ambitieux époux se soient laissé séduire par le charme de Patras, admirablement située au bout d'un golfe qui reflète d'adorables paysages. La campagne est couverte de somptueuses villas habitées par des particuliers qui se sont enrichis dans la métropole commerciale de la Grèce. A une lieue de la ville, dans un site enchanteur, se trouve l'établissement de la société Achaïa, où j'ai dégusté le fameux vin de Malvoisie. On domine de là un panorama grandiose qui s'étend vers le golfe de Lépante et les monts lointains de l'Étolie et de la Phocide.

Et nous voici dans l'express de Patras à Corinthe. Le train suit toutes les sinuosités d'une côte extraordinairement découpée. A droite les roches brunes du Péloponèse, à gauche l'azur du golfe. Dans la chaleur intense, le perpétuel concert des cigales me rappelle l'été du Japon. Aux arrêts du train, des enfants offrent aux voyageurs les fruits succulents du pays, des citrons gros comme des melons, des pêches grosses comme des oranges, des figues (sica) grosses comme des pommes. On a sept de ces belles pêches pour vingt lepta ! Les arrêts sont nombreux, et l'express, qui va à la vitesse de 28 kilomètres à l'heure, s'arrête souvent en rase campagne pour recueillir les voyageurs qui n'ont pu gagner une gare. On fait une courte halte à Rhéon, située sur un promontoire qui domine le détroit commandant l'entrée du golfe de Lépante. La largeur du détroit, qui n'était que de sept stades dans l'antiquité, est aujourd'hui d'une demi-lieue. On aperçoit au nord les cimes lointaines de l'Hélicon et du majestueux Parnasse. Puis c'est Vostitza, l'antique Aegion mentionnée par Homère, une des douze cités de la ligue achéenne. Au loin surgissent les îles dans le voisinage desquelles don Juan d'Autriche remporta la brillante mais stérile victoire de Lépante. Puis c'est Corinthe, point de jonction des lignes d'Athènes et de Nauplie. La voie contourne l'Acrocorinthe, énorme rocher à pic couronné d'une citadelle qui domine les deux golfes bleus reliés par le canal creusé à travers l'isthme rougeâtre. Cette citadelle, qui paraît imprenable, fut occupée tour à tour par tous les conquérants de la Grèce, Romains, Germains, Slaves, Byzantins, Francs, Vénitiens et Turcs.

Je suis arrivé dans la soirée à Nauplie, à l'heure où le soleil se couchait sur une mer d'or en fusion. Quelle palette pourrait rendre un coucher de soleil à Nauplie ! La prunelle éblouie par cette vision, je suis tombé de la poésie dans la prose à la vue du Xénodocheïon tôn Xenôn (hôtel des étrangers), misérable gîte infesté de légions d'insectes voraces. On n'a pas le choix du gîte, car le livre des voyageurs atteste que des touristes illustres n'en ont pas eu d'autre. Comme il faisait trop chaud, et qu'il n'y a d'ailleurs pas de salle à manger digne de ce nom, j'ai dîné sur la place publique, sur une table dressée en plein air, à la lueur d'une bougie, en compagnie de l'hôte qui m'a promené ensuite dans les rues de la ville éclairée par la lune. Pendant notre repas, un orateur parlait du haut du balcon d'une maison voisine, devant une centaine d'auditeurs rangés devant lui sur des chaises. Il parlait avec une faconde extraordinaire. Comme je prenais ce Démosthène pour un agent électoral, mon hôte me tira de mon erreur : c'était un philosophe qui, à la manière d'Aristote, s'attachait à démontrer l'existence de Dieu par des arguments tirés des purs principes de la raison. Il allait ainsi de ville en ville et s'était attiré des démêlés avec le clergé auquel il faisait concurrence.

Nauplie est une petite ville de cinq mille âmes, qui se souvient du temps où elle fut le siège du gouvernement provisoire pendant la période de l'Indépendance. Sait-on qu'elle faillit devenir la capitale de la Grèce, et que le roi Othon y habita la maison de Capo d'Istria avant qu'Athènes ne devînt la capitale définitive ? Capo d'Istria est le martyr de la Grèce. Nauplie lui a érigé une statue équestre. J'ai voulu voir la petite église catholique de Saint-Spiridion où il trouva une fin tragique en 1831. Comme il s'y rendait pour assister à la messe, il fut accosté par deux hommes dont l'un tira sur lui à bout portant, tandis que l'autre lui plongeait un poignard dans le corps. L'un des assassins fut immédiatement massacré par la foule, l'autre fut arrêté et condamné à la peine capitale. C'était au temps du voyage de Lamartine, qui a décrit l'anarchie dans laquelle tomba la Grèce près la mort du Président.

Nauplie est le point de départ d'une excursion en voiture aux trois anciennes villes de la Grèce préhistorique, Tirynthe, Argos, Mycènes. Ces trois noms sont les premiers que je prononce dès qu'au lendemain je me réveille dans mon mauvais gîte où j'ai été assailli par de petits ennemis sanguinaires. Je pars de grand matin. Mon antique calèche, qui semble remonter aux âges homériques, est traînée par deux haridelles qui tout le temps iront au tout petit trot. Elles mettent une demi-heure à franchir les 4 kilomètres de la première étape.

Et voici qu'elles s'arrêtent machinalement au pied d'un rocher devant lequel on passerait cent fois sans le remarquer. Et pourtant, ce rocher n'est ni plus ni moins que l'acropole de Tirynthe. Ce n'est que lorsqu'on arrive à la toucher du doigt qu'on découvre cette forteresse construite quelque treize ou quatorze siècles avant notre ère, amas de ruines enfouies dans une végétation folle qui monte à l'assaut des formidables monolithes. Cette citadelle serait grandiose si elle était plus haut perchée ; mais, surgissant du milieu des champs à vingt-cinq mètres à peine au-dessus de la mer, à une faible hauteur au-dessus d'une plaine plate, elle paraît si basse qu'on ne s'explique pas comment les rois de Tirynthe ont pu s'y retrancher, et l'on ne comprend pas l'admiration de Pausanias qui la compare aux pyramides d'Égypte. Mais l'étonnement succède à la première déception quand on descend dans les fameuses galeries souterraines et les casemates qui s'ouvrent aux flancs de la butte. Comment les constructeurs ont-ils pu amener sur place ces blocs cyclopéens, dont les moindres pèsent 3 ou 4000 kilogrammes, et les plus gros jusqu'à 13000 kilogrammes ? De quels puissants moyens d'action devait disposer l'armée de travailleurs qui construisit ces murailles de plus de 20 mètres d'épaisseur ? Et à quoi pouvaient servir ces étranges galeries ? Étaient-ce des moyens de défense, ou des magasins, ou des oubliettes ? Autant de conjectures qui ne peuvent recevoir aucune réponse satisfaisante. Ces galeries offrent d'étranges analogies avec les allées couvertes de Bretagne. Les assises, disposées horizontalement en encorbellement, supportent d'autres pierres horizontales formant plafond ; mais comme elles ne se rejoignent point au sommet, c'est bien à tort qu'on voudrait y voir la conception de la voûte ogivale, ainsi que le prétend le *Guide Joanne* qui n'est pas toujours infaillible.

Armé de mon plan, je parcours cette enceinte fortifiée qui était tout à la fois une acropole et un palais, une de ces demeures royales qu'on peut se figurer d'après la description que nous donne Homère des palais d'Ulysse et de Priam. Et c'est ce qui donne aux fouilles de Tirynthe un si grand intérêt. D'après l'échelle du plan, l'enceinte n'avait pas plus de 300 mètres de long sur 100 de large, à peine les dimensions d'un de nos transatlantiques : et elle a, en effet, la forme d'un vaisseau dont l'acropole serait la proue, un vaisseau englouti dans les sables qui l'ont submergé depuis les temps préhistoriques. Les fouilles de Schliemann et de Dorpfeld en ont dégagé la coque et le pont. Mais malgré l'étonnante précision de mon plan, j'ai peine à me retrouver au milieu de ces blocs écroulés, sur lesquels les bergers d'Argolide ont erré depuis des siècles, mettant leurs moutons et leurs chèvres à l'abri sous les voûtes des galeries. Ici étaient la porte principale, le vestibule et l'antichambre de la résidence des rois ; là, la grande cour des hommes et la salle des hommes ; là, la cour des femmes et l'appartement des femmes ; dans cet enclos était la chambre de bain, dont le plancher est un monolithe du poids de 20 000 kilogrammes, sur lequel on a retrouvé les débris de la baignoire de terre cuite. On voit encore çà et là des restes de tours, parmi lesquels on a retrouvé des débris de tuiles attestant l'existence d'un toit écroulé. Voici, s'ouvrant sur l'esplanade, les grands Propylées, dont la disposition n'a guère changé depuis les temps préhistoriques jusqu'au siècle de Périclès. Et voici les petits Propylées, la porte monumentale qui donnait accès au palais même. Mais de ce palais ne subsistent plus que le plan et les fondations. Les murailles gisent à terre, les toitures sont effondrées. L'imagination doit renoncer à reconstituer cette demeure royale, dans la construction de laquelle le bois devait tenir une grande place, car c'est de cette matière qu'étaient faits les piliers, les plafonds, les panneaux qui recouvraient les murs, les seuils des portes, les poutres des toitures. On a retrouvé de curieux fragments qui attestent que les salles étaient pavées de mosaïques et décorées de peintures murales qui dénotent une influence phénicienne. En sorte que le palais homérique que nous révèlent les fouilles de Tirynthe annonce déjà la maison grecque et la maison de Pompéi.

Emportant dans les yeux et dans l'âme l'émouvante évocation d'une civilisation sur laquelle ont passé trente-trois siècles, je remonte en voiture dans la direction d'Argos, à 7 kilomètres de Tirynthe. Je traverse le lit de deux torrents, l'Inachos et le Charadros. Par ce soleil ardent on voudrait bien y puiser de l'eau ; mais comme ils sont tout à fait à sec, on n'y trouve que des cailloux roulés. Il en était déjà ainsi dans l'antiquité. Pausanias rapporte qu'un différend s'étant élevé entre Neptune et Junon au sujet de l'Argolide, Phoronée en fut juge avec les fleuves Céphise, Astérion et Inachos. Ils décidèrent en faveur de Junon ; alors Neptune fit disparaître, dit-on, toute l'eau du pays, et c'est pour cela que l'Inachos et les autres fleuves n'ont pas d'autre eau que celle qui tombe du ciel, et que, dans l'été, tous les courants d'eau de l'Argolide sont à sec, excepté la fontaine de Lerne.

Argos au nom illustre est la seule survivante des trois villes sœurs de l'Argolide. Mais quelle profonde déchéance ! Cette ville, autrefois une des plus belles de la Grèce, et dont la population égalait celle d'Athènes au temps de Lysias, n'est plus qu'un gros bourg sans histoire, aux maisons en pisé. Les villageois, qui ont l'air étonné de voir un voyageur en cette saison torride, m'entourent avec curiosité, et les enfants presque nus jettent un coup d'œil avide sur les provisions qui sont au fond de ma voiture. Ces pauvres petits visages faméliques font pitié.

Argos n'a plus, comme témoignage de son ancienne splendeur, que l'antique théâtre, adossé, suivant la constante coutume des Grecs, aux flancs d'une colline. Cette colline porte le nom de Larissa (citadelle en langue pélasgique). C'était l'acropole d'Argos. Du haut des gradins taillés dans le roc, j'ai contemplé, toute ensoleillée, une plaine d'une admirable fertilité. Les vingt mille spectateurs que ces gradins pouvaient contenir avaient sous les yeux cette vaste plaine bornée d'un côté par Tirynthe et le massif de Mycènes, de l'autre par les monts lointains de l'Arcadie.

C'est cette plaine qu'a franchie Agamemnon quand, au retour de Troie, il roulait dans son char vers son palais de Mycènes où l'attendait la trahison de Clytemnestre et le poignard d'Égisthe. C'est là-bas qu'Electre et Oreste vengeaient la mort de leur père. Et c'est ici, au bas de ces gradins, que retentissaient sur la scène aujourd'hui disparue les noms des lieux que les spectateurs pouvaient voir de leurs places. L'impression est telle qu'on croit encore entendre vibrer dans l'air les paroles d'Eschyle et de Sophocle que récitaient les acteurs de la tragédie grecque.

Tel est le grand souvenir qui plane sur ce théâtre, seul vestige de l'Argos antique. Mais quel vestige!

L'Argos moderne n'offre d'intéressant que son bazar d'une haute couleur locale, avec ses boutiques à auvent et ses cafés parmi lesquels circulent les campagnards, paysans en fustanelle, pâtres de la montagne en long veston de laine blanche. Les femmes portent leur bébé sur le dos, à la manière des Orientales. Ce bazar si animé est le rendez-vous de tous les gens venus de loin pour s'y procurer les articles dont ils ont besoin. A voir cette population d'aspect si paisible, on ne se douterait pas que les Argiens sont célèbres dans toute la Grèce pour leur cupidité et leur nature violente. Il n'est bruit que de deux citoyens d'Argos qui viennent de s'entretuer au cours d'une discussion au sujet d'un demi-arpent de terre. On m'a raconté que le fameux brigand Bourdzi vient d'être capturé dans les environs d'Argos, et qu'il sera exécuté prochainement par le bourreau, ancien criminel lui-même, qui est relégué dans une île déserte située en face de Nauplie. Qui donc a dit qu'il n'y a plus de brigandage en Grèce ?

Il est temps de gagner les sombres montagnes où se cache Mycènes, celles du haut desquelles les veilleurs de nuit observaient les feux annonçant la prise de Troie. Je remonte en voiture. Le soleil est au zénith. Le ciel est d'un bleu implacable. J'en ai les yeux aveuglés. A peine ai-je quitté les dernières maisons d'Argos que je m'engage sur un chemin gris et poudreux, bordé d'aloès aux grands coutelas. Un berger appuyé sur sa houlette, des troupeaux de chèvres, des moulins à dix ailes, donnent une physionomie caractéristique à ce paysage d'Argolide. Toute trace de route disparaît devant un large torrent au lit desséché, semé de galets sur lesquels bondit en d'inquiétants soubresauts la vieille patache qui résiste tout de même. Par une étrange association d'idées, cette patache évoque en moi le char d'Hippolyte, et le vers de Racine chante dans ma mémoire :

Il suivait, tout pensif, le chemin de Mycènes.

Au lieu des « superbes coursiers » du fils de Thésée, j'ai deux pauvres haridelles qui, comme eux, marchent « l'œil morne et la tête baissée ».

Elles montent péniblement à travers des rochers nus, pierreux, sans un brin d'herbe, sous un soleil de feu. Pas un cri d'oiseau, pas un murmure d'insecte. C'est la région sinistre que semblent hanter encore les ombres des Atrides. Une éternelle malédiction pèse sur cette terre d'épouvante qui garde le souvenir de tant de crimes.

« Agamemnon ! » Mon cocher vient de prononcer avec respect ce nom troublant, m'annonçant ainsi que nous sommes sur les lieux. L'attelage s'arrête, et je gravis à pied la montagne qui porte Mycènes. Bientôt j'aperçois les murailles énormes de l'Acropole. Le sentier grimpe à travers les broussailles, entre des rochers de couleur rouge, qui semblent teints de sang. Et voici l'avenue resserrée entre deux murs pélasgiques, au fond de laquelle surgit cette *Porte des Lions* dont j'ai vu maintes reproductions, et dont l'apparition n'en est pas moins saisissante : une porte dans laquelle l'expédition de Morée a cru voir une œuvre du moyen âge, mais qui est vieille de trente-cinq siècles. Imaginez trois monolithes mis là comme par des enfants faisant un jeu de construction, mais des enfants de Titans. Toute l'architecture consiste en deux montants trapus, bas, portant un formidable linteau. Sur le linteau, un bloc triangulaire orné d'un bas-relief héraldique : deux lionnes colossales décapitées par les orages, mais qui ont gardé leur aspect rude et sauvage : elles se dressent sur leurs pattes de derrière et s'agriffent face à face, à la base d'un pilier symbolisant l'autel de la cité, et dont le chapiteau mutilé annonce déjà la colonne dorique. Œuvre barbare, mais puissante comme les bas-reliefs assyriens. Cette porte carrée est, dans sa simplicité même, d'une grandeur qui vous subjugue et vous écrase. Cette porte carrée est celle-là même sous laquelle passa le char d'Agamemnon. D'y songer, on sent le cœur battre, on hésite à passer à son tour.

La porte franchie, on est dans Mycènes, dans la cité d'où partirent les héros de Troie. Et tout de suite apparaît une enceinte circulaire. N'est-ce pas l'agora, où se tenait devant le roi l'assemblée des anciens, telle que la décrit l'Iliade ? N'est-ce pas l'enceinte sacrée où Homère les représente assis sur des pierres polies, empruntant les sceptres des hérauts qui réclament le silence et s'appuyant sur ces sceptres lorsqu'ils se lèvent pour donner leur avis ? Les voici, ces « pierres polies », telles que les ont dégagées les fouilles. Ce sont elles peut-être

MYCÈNES. — Porte des Lions.

qui ont ruisselé du sang des victimes. Le décor correspond si bien à l'horreur de la scène que l'imagination n'a aucune peine à la reconstituer. Et dans le silence terrible qui pèse sur l'enceinte, voici que viennent sur mes lèvres les premiers vers de l'Électre de Sophocle, où Oreste s'entend dire : « Cette ville où tu arrives, c'est Mycènes, riche en or. Ce palais est la sanglante demeure des Pélopides. » Il me semble entendre le cri de Clytemnestre égorgée par son enfant : « Mon fils, mon fils, aie pitié de celle qui t'a enfanté ! » Il me semble entendre Électre criant à son frère : « Redouble si tu peux ! » Ces syllabes, si bas que je les dise, violent le silence de cette enceinte maudite, sur laquelle se sont acharnés les orages et les tremblements de terre, au point que ce n'est plus qu'un effroyable chaos de murs, de blocs écroulés les uns sur les autres, comme si la nature vengeresse s'était chargée d'anéantir jusqu'au souvenir de la plus affreuse race d'hommes que la terre ait connue.

Mais qu'est-ce que cette profonde excavation creusée au milieu de l'enceinte ? C'est là que se trouvaient les tombes violées par Schliemann. Il annonça le fait à l'univers, prétendant avoir découvert les sépultures d'Agamemnon, de Cassandre, d'Eurymédon et de leurs compagnons, tous tués pendant le repas par Clytemnestre et son amant Égisthe. Il trouva dans ces sépultures le merveilleux trésor déposé actuellement sous les vitrines du musée d'Athènes. Mais lorsqu'il proclamait qu'il avait retrouvé dans le squelette au masque d'or le propre cadavre d'Agamemnon, il n'apportait point la preuve. Se trompait-il comme Christophe Colomb qui, en découvrant l'Amérique, crut avoir abordé dans l'Inde? Pour étayer sa séduisante hypothèse, Schliemann n'avait que le texte de Pausanias, qui parle de cinq tombes, alors qu'une sixième a été retrouvée après les premières fouilles. La vérité, la connaîtrons-nous jamais? Mais qu'importe! Ce qu'il faut chercher à Mycènes, ce ne sont pas les personnages du drame, mais le sombre théâtre approprié à leur légende qui s'est perpétuée d'âge en âge par la tradition populaire que l'Iliade a immortalisée. C'est ici que, mille ans après la guerre de Troie, vinrent s'inspirer Eschyle, Sophocle et Euripide, qui ont dû voir les lieux pour les avoir si fidèlement décrits. Sur cette terre rougeâtre ils ont fait revivre tout le drame, et la terre semble encore, après trois mille ans, tout imbibée de sang malgré ce qu'Eschyle fait dire à Oreste :

« Le sang qui souilla cette main s'efface. Le temps abolit tous les crimes. »

Derrière l'agora j'ai trouvé un chaos de murs écroulés, vagues vestiges du palais royal, sans doute contemporain de celui de Tirynthe, avec lequel il offre de frappantes analogies. Les archéologues prétendent y avoir retrouvé le vestibule, le magasin, le mégaron ou salle des hommes, le gynécée ou appartement des femmes. Laissons-leur le soin d'établir ces hypothétiques identifications. Et montons au sommet de l'Acropole, qui n'est pas à 300 mètres au dessus de la mer.

De là, j'ai contemplé le plus sinistre des paysages du Péloponèse. Quel contraste avec l'aimable paysage d'Olympie! Mon œil errait depuis les gorges tourmentées du Charadros et de l'Inachos jusqu'aux deux cimes jumelles du mont Marta et du mont Zara qui montent verticalement, toutes nues, hérissées de pitons menaçants, comme les rochers des Dolomites. D'autres cimes sauvages, aux roches grisâtres et désertes, se développent en un immense cirque, véritable cadre d'épouvante pour le fatidique nid d'aigle. Cette sombre nature est en complète harmonie avec la légende de Mycènes. Le paysage est celui qu'a dû contempler lui-même Sophocle, qui le décrit avec une rare précision lorsqu'il mentionne, par la bouche du précepteur d'Oreste, Argos, Inachos, le temple de Junon, tous les lieux visibles du haut de la citadelle.

En descendant de l'Acropole, j'ai gagné le monument souterrain que les uns désignent sous le nom de *Trésor d'Atrée,* les autres sous le nom de *Tombeau d'Agamemnon,* quoique les deux hypothèses semblent également erronées. Le monument est creusé dans l'intérieur d'une colline, à quelque cent mètres de l'Acropole. Il s'ouvre par une avenue tout à fait semblable à celle de la Porte des Lions, entre deux murs de blocs massifs dont la hauteur s'accroît avec celle de la colline. Le passage mène à une façade percée d'une porte qui donne accès à la chambre souterraine.

Ce prétendu *Trésor d'Atrée* était évidemment un tombeau. Qu'on imagine une vaste salle en forme de ruche, d'une hauteur très impressionnante, construite d'une succession d'assises annulaires de pierres colossales disposées, non en voûte, mais en encorbellement. Le sommet du dôme est bouché, non par une clef de voûte, mais par une énorme pierre plate. Les assises sont taillées en une courbe parfaite. De tous les monuments de l'ancienne Grèce, il n'en est pas de plus achevé, de mieux conservé ni de plus saisissant que ce tombeau à coupole qui fait songer aux nécropoles souterraines de Thèbes. Cette chambre sépulcrale a dû contenir des trésors qui lui auront valu le nom de *Trésor d'Atrée*. Elle n'a certainement pas servi de sépulture à Agamemnon, car elle est d'un art plus avancé et plus récent que les tombeaux de Mycènes.

A regret, je me suis arraché à la délicieuse fraîcheur souterraine qui règne dans ce tombeau, pour aller déjeuner à l'ombre de ma voiture, par 35 degrés de chaleur. A peine ai-je déballé mes provisions qu'un chien affamé vient en réclamer sa part. Dans une lutte homérique, il met en fuite un rival qui émet la même prétention. Le vainqueur, qui n'a que la peau et les os, avale gloutonnement les croûtes et les os que je lui jette, mais il me montre les dents quand je veux lui donner une caresse. Ce chien hargneux est de la race des Atrides.

J'ai mis plus de trois heures à refaire le trajet de Mycènes à Nauplie, où je me suis embarqué pour Athènes.

V. — Le Trésor de Mycènes

Une visite au musée d'Athènes est le complément du voyage à Mycènes. On y peut voir dans la salle d'honneur le merveilleux trésor révélé au monde par les fouilles de Schliemann, les six squelettes et les centaines d'objets en or recueillis dans les tombeaux : couronnes, cuirasses, poignards, glaives aux lames incrustées d'or, armes de bronze, poignées d'épée, coupes d'or, colliers et bracelets d'or, vases d'argent, d'albâtre ou de porcelaine, bijoux curieusement ciselés, masques funéraires reproduisant les traits des princes contemporains de la guerre de Troie. L'un de ces masques est d'un réalisme saisissant, avec ses yeux clos, son nez droit, ses narines pincées, ses lèvres minces, ses pommettes saillantes, sa large barbe. Est-ce, suivant l'hypothèse de celui qui l'exhuma, le masque du père d'Iphigénie ? Qui le saura jamais ! Mais si ce n'est pas l'empreinte des traits du « roi des hommes », c'est certainement celle d'un puissant prince de Mycènes.

Sous ces troublantes vitrines apparaît toute une civilisation représentée par son art, et déjà étonnamment raffinée et ingénieuse, pour une époque où la Gaule en était encore à l'homme des cavernes. Qu'était-ce que cette civilisation préhistorique que nous révèle une collection avec laquelle aucun musée au monde ne peut rivaliser ? Ce n'était évidemment pas une civilisation purement locale, limitée au petit territoire de l'Argolide compris dans le triangle de Tirynthe, Argos et Mycènes. Elle a dû s'étendre sur toute l'Hellade et rayonner sur les contrées baignées par la Méditerranée. Ce que nous enseignent les vitrines d'Athènes, c'est que l'Hellade a connu une civilisation antérieure à l'histoire de la Grèce, remontant à une époque tout aussi lointaine que les civilisations égyptienne et assyrienne[1]. On n'oserait plus le contester depuis les fouilles de Knossos, en Crète, qui jettent un jour nouveau sur la civilisation mycénienne. Lors de la découverte du palais de Minos, on eut tout d'abord l'impression que l'art mycénien n'était nullement un art propre à Mycènes : à cause de certaines analogies, on crut y voir l'influence de la civilisation asiatique par l'intermédiaire des Phéniciens ; mais il faut aujourd'hui reconnaître que l'art mycénien est bien indi-

1. Hogarth, *Authority and Archeology*, p. 230.

gène. S'il y eut des relations entre Mycènes, la Crète et l'Égypte, ce furent probablement des relations directes, auxquelles les Phéniciens demeurèrent étrangers ; si l'art mycénien doit quelque chose à l'Orient, il lui donna plus qu'il ne lui emprunta : l'art mycénien était assez original pour se passer d'emprunts. Certes, on y reconnaît des influences égyptiennes, comme on reconnaît des influences mycéniennes dans l'art égyptien ; mais le contraire serait surprenant, puisque les deux civilisations étaient contemporaines [1].

Il importe peu de savoir si les tombes découvertes à Mycènes sont celles d'Agamemnon et des autres victimes du guet-apens. La vraie question est de savoir si les hommes et la civilisation dont les vestiges ont été retrouvés après trente-cinq siècles sont les hommes et la civilisation qu'a chantés Homère. Les Mycéniens étaient-ils les Grecs de l'Iliade et de l'Odyssée, et est-ce leur état social que décrivent ces épopées ? Les arguments qui étayent cette supposition ne manquent pas. Il y a tout d'abord la topographie des lieux, qui est frappante. Les villes et les contrées que nomme

1. James Baikie. *The Sea Kings of Crete*, p. 53-54.

l'Iliade sont précisément celles où rayonna la civilisation mycénienne. Il y a Mycènes elle-même. Pour Homère, c'est la ville « riche en or », aux larges rues, siège du grand chef des Achéens, roi des hommes, Agamemnon ; c'est aussi le foyer de la civilisation à laquelle elle a donné son nom. D'autres villes mentionnées dans les poèmes sont également des foyers de civilisation mycénienne.

La Crète, qui occupe un rang proéminent dans le monde homérique, est le centre d'une civilisation plus brillante encore, auprès de laquelle la culture mycénienne semble être en décadence. La topographie d'Homère répond donc bien à l'ère géographique de cette civilisation.

Ce qui est non moins frappant, c'est la parfaite concordance entre la description des palais homériques et les palais mycéniens, dont les fouilles nous ont révélé le plan. On y retrouve tous les traits essentiels : la cour, avec son autel de Zeus et sa pierre des sacrifices ; le vestibule, l'antichambre, la salle, avec son foyer et ses piliers ; la chambre de bain communiquant avec la salle ; l'étage supérieur contenant le quartier des femmes ; l'ameublement même et la décoration, tout cela a été merveilleusement reconstitué à Tirynthe, à Mycènes et en Crète[1].

Plus frappante encore est la comparaison des descriptions d'Homère avec les objets en métal qu'on a trouvés à profusion à Mycènes. Ces objets offrent cent exemples de travail sur métaux dont les détails correspondent étonnamment aux peintures homériques. Le poète décrit minutieusement la coupe de Nestor : une magnifique coupe à deux fonds que le vieillard a emportée de chez lui, ornée de clous d'or et surmontée de deux colombes, munie de quatre anses : elle est si lourde que tout autre aurait peine à la soulever de la table, ce que fait facilement le vieux Nestor. Une des coupes d'or, trouvée dans la quatrième tombe, pourrait passer pour une réduction de cette coupe, si elle n'avait deux anses au lieu de quatre. Sur ces anses sont perchées des colombes, et la coupe est ornée de clous d'or. Voici des scènes de chasse représentées sur les lames des épées trouvées dans les tombes de Mycènes. Dans une de ces scènes nous voyons cinq hommes attaquant trois lions. L'un des hommes, renversé par l'assaut du premier

1. Hogarth, ouvr. cité.

lion, s'embarrasse dans son grand bouclier. Les quatre compagnons courent à son aide, l'un armé d'un arc, les autres portant des lances et d'énormes boucliers. Le premier lion attend seul l'attaque, les deux autres affrontent le combat. L'œuvre est d'une vigueur extraordinaire; mais c'est la technique qui est intéressante. La scène est représentée à l'aide de différents métaux incrustés sur une mince lame de bronze. Les lions et les hommes à la peau nue sont incrustés en or, les ceintures et les boucliers sont en argent, tous les accessoires sont d'un émail noir qui fait ressortir le relief des figures. Et nous avons ici un remarquable spécimen du genre de décoration qui ornait le bouclier d'Achille.

On sait, il est vrai, que les héros d'Homère brûlaient leurs morts, tandis que les corps trouvés à Mycènes furent enterrés. Mais on peut admettre que vers la fin de la période mycénienne l'incinération se substitua à la coutume plus ancienne de l'inhumation. Ailleurs qu'à Mycènes on a trouvé des urnes cinéraires qui attestent que l'inhumation n'était pas une coutume générale, ou tout au moins qu'elle ne subsista point pendant toute la durée de la période mycénienne [1].

1. Baikie, ouvr. cité.

En vain objecterait-on certaines différences entre l'équipement des guerriers de la période mycénienne et celui des guerriers d'Homère. Les Mycéniens usaient d'un grand bouclier de cuir, oblong ou à huit pans, couvrant l'homme de la tête aux pieds, et n'avaient pas d'arme défensive en métal. Dans l'Iliade, l'équipement comprend un casque et une cuirasse de métal, et un petit bouclier rond. Or, ce petit bouclier rond se trouve sur le fameux vase du Guerrier, de l'époque mycénienne, et n'est-ce pas le bouclier mycénien auquel Homère fait allusion lorsqu'il le compare à « une tour » ?

On peut donc voir dans la civilisation que révèlent les vitrines de la salle mycénienne celle-là même qu'a connue Homère. Certes, il n'y a pas identité absolue, car la civilisation mycénienne est bien antérieure à la domination achéenne et appartenait à une race d'hommes autre que les chefs qui prirent part à la guerre de Troie ; mais la civilisation décrite par Homère est bien celle qui régnait chez les Mycéniens lorsqu'ils passèrent sous la domination des chefs achéens. L'invasion achéenne ne fut pas, comme celle qui lui succéda, destructrice de la belle culture qui appartenait à la race conquise. Les conquérants en maintinrent les traditions, jusqu'à ce que la décadence qui avait déjà commencé avant leur apparition en Grèce fût consommée par l'invasion dorienne. Et c'est cette dernière phase de la culture mycénienne, sous la suprématie achéenne, que décrivent les poèmes homériques. « Faites disparaître du tableau, dit M. Browne, tous les traits qui ont été empruntés à l'invasion dorienne, laissez aux poètes postdoriens les allusions au fer et autres objets postdoriens, et rien ne subsistera qui puisse ébranler les vues suivant lesquelles Schliemann a trouvé sinon la tombe d'Agamemnon, du moins la tombe de la vie homérique que représente Agamemnon. Les reliques mycéniennes nous mettent sous les yeux la forme matérielle de cette civilisation dont les pages d'Homère nous donnent l'aspect moral [1] ».

Lorsqu'on ne connaissait pas encore la civilisation mycénienne, qui donc eût osé commencer l'histoire de la Grèce avant le huitième ou le neuvième siècle, l'histoire de l'art hellénique avant le sixième ou le septième ? Grâce aux découvertes de Mycènes, nous pouvons remonter bien au delà. La civilisation mycénienne était contemporaine de

1. H. Browne, *Homeric Studies*, pp. 313-314.

celles de l'Égypte, de l'Assyrie, de la Chaldée, auprès desquelles, suivant l'expression de Platon, les Grecs n'étaient que des enfants. Nous pouvons, remontant au delà d'Homère, reculer l'histoire de la Grèce jusqu'à ces lointaines et ténébreuses époques sur lesquelles, à l'aide de documents précis, il nous est permis maintenant de projeter une certaine clarté. On ne peut prétendre, dans l'état actuel de nos connaissances, chercher à résoudre la question de savoir à quel peuple appartient cette brillante civilisation mycénienne. En quel siècle ce peuple apparut-il en Argolide ? Sa culture est-elle originale ou d'origine asiatique ? Quelle en fut la diffusion ? Autant d'énigmes dont nous ne connaîtrons probablement jamais la solution. Charles Diehl [1] distingue dans la salle mycénienne deux espèces d'objets, les uns d'un travail assez grossier et barbare, mais empreints déjà d'un génie artistique qui en est à ses premiers essais, les autres attestant une technique et un style plus avancés. Le professeur de Nancy y voit deux civilisations distinctes, l'une encore rudimentaire, l'autre plus raffinée, attestant une longue culture

1. *Excursions archéologiques en Grèce.*

antérieure. Mais à côté des importations étrangères, il y a un art propre aux orfèvres de Mycènes : les masques d'or, les plaques d'or estampé, ont été moulés sur place, comme le prouvent les moules en pierre qu'on a retrouvés dans les ruines de Mycènes. Peut-être, suivant la frappante comparaison de Perrot, ce peuple restera-t-il masqué dans l'histoire comme l'était dans la tombe le visage de ses rois, qui symbolise la Grèce au visage énigmatique de Toudouze.

La salle des antiquités mycéniennes devrait porter le nom de l'homme qui nous a révélé un monde inconnu. On peut voir à Athènes, au boulevard de l'Académie, une grande maison avec loggia, surmontée des statues des héros d'Homère. C'est la maison de Schliemann. Sa carrière étonnante, qu'il a racontée lui-même dans une naïve autobiographie, est un vrai roman. Né en 1822, dans un village du Mecklemburg-Schwerin, il se passionnait dès son enfance pour Homère, aux récits de son père qui lui racontait la guerre de Troie. L'enfant ne pouvait comprendre que les murs de Troie eussent été anéantis au point de ne laisser aucune trace. Et déjà il songeait à explorer un jour les ruines d'Ilion. Dès l'âge de dix ans, il avait écrit en latin un essai sur la guerre de Troïe, qui annonçait déjà quelle serait la passion de toute sa vie. Rien de moins romanesque, toutefois, que les débuts de sa carrière. Comme son père, par suite de revers de fortune, ne put lui donner une grande instruction, il s'engagea à quatorze ans comme garçon épicier et se mit à vendre du beurre et des harengs. Bientôt dégoûté de cette vie terre à terre, il s'embarque comme mousse sur un navire qui fait naufrage sur la côte de Hollande. Il s'engage comme commissionnaire dans une maison de commerce d'Amsterdam, aux appointements de 800 francs par an, dont il consacre la moitié à compléter son instruction. Il apprend en six mois l'anglais, en six mois le français, puis en six semaines le hollandais et en autant de temps l'espagnol, l'italien, le portugais. Comptabilité de commerçant, qu'il ne faut sans doute pas prendre à la lettre. A l'âge de vingt-quatre ans, il est envoyé en Russie, comme agent d'une autre maison d'Amsterdam. L'année suivante, il fonde une maison pour son propre compte. La guerre de Crimée lui procure d'énormes bénéfices. Il gagne 250000 francs par an. Au bout de vingt ans, il a amassé assez d'argent pour pouvoir abandonner les affaires et réaliser son rêve d'enfance. Deux idées le hantent : la première, que le site de l'ancienne Troie était à l'endroit connu dans les temps classiques sous le nom de Nouvelle Ilion, la colline d'Hissarlik, près du littoral de la mer Égée ; l'autre, que le voyageur grec Pausanias a avancé la vérité en disant qu'Agamemnon, massacré par les siens, fut enterré dans l'intérieur des murs de l'acropole de Mycènes, et non en dehors. Or, ces deux idées étaient contraires à l'opinion qui prévalait de son temps. On croyait généralement que si Troie avait jamais existé, le site devait se trouver, non à Hissarlik, mais plus loin dans les terres ; quant aux tombeaux des Atrides, on contestait l'autorité de Pausanias.

Pour établir la vérité, Schliemann résolut de procéder à des fouilles. Il donne le premier coup de pioche à Hissarlik en avril 1870 et poursuit sans grand succès son travail pendant trois années, au bout desquelles ses constants efforts reçoivent leur récompense. Au sud-ouest du champ de fouilles, il découvre la porte d'une grande ville, des murs d'enceinte, et tout près de la porte le prétendu « Trésor de Priam », un amas de vases et d'ornements en or et en argent, des lances, des haches, des épées, des coupes. A mesure qu'il poursuit ses excavations, il reconnaît que ce n'est pas une ville, mais plusieurs villes qui se sont élevées en cette région. La première, située au niveau inférieur des fouilles, immédiatement au-dessus du sol vierge, est la plus ancienne. Il y trouve des haches de pierre, des couteaux de silex, des poteries noires travaillées à la main. Ces débris remontant à l'époque néolithique se trouvaient à huit pieds de profondeur. Au-dessus de cette couche, il découvrit les restes d'une autre ville, une porte fortifiée à laquelle menait une rampe pavée, une muraille en briques séchées au soleil, flanquée de tours, qui devait être l'enceinte d'une acropole, et les restes d'un édifice, maison ou palais. Il recueillit parmi ces débris une grande quantité de poteries, une idole en plomb, des pendants d'oreille, des bracelets, des épingles en or. Au-dessus de cette seconde couche, il ne trouva pas moins de sept autres dépôts dont le dernier renfermait les ruines de l'Ilion romaine et de son temple d'Athéna.

Schliemann, prétendant avoir trouvé l'Ilion des poèmes d'Homère dans la seconde ville, détruite par le feu, donna au plus vaste édifice le nom de

« Palais de Priam » et aux richesses découvertes le nom de « Trésor de Priam ». Mais on objecta que la seconde ville devait être d'une bien plus haute antiquité, car le style des constructions et des objets exhumés était si primitif qu'il devait remonter à une date bien plus ancienne que la guerre de Troie. Et comme le trésor ne pouvait être attribué à la cité brûlée, on se demanda si, au cours des fouilles, il n'avait pas glissé des couches de la sixième ville. Or, les fouilles pratiquées plus tard en d'autres points amenèrent la découverte d'objets dont la splendeur rivalisait avec le trésor de Troie et qui n'étaient pas moins anciens que la cité brûlée. On objecta encore que la citadelle était trop petite pour avoir pu résister dix ans, même si l'on fait la part de l'exagération poétique.

Schliemann se proposait de résoudre le problème quand il mourut en 1890. Son successeur, le professeur Dörpfeld, établit finalement en 1892 que la sixième ville, située à quatre couches au-dessus de la seconde excavation, était la véritable Ilion d'Homère, dont l'étendue avait échappé à Schliemann dans ses premières recherches, parce que, au centre du chantier des fouilles les débris avaient été nivelés par les Romains pour la construction du nouvel Ilium. Les murs massifs de cette sixième ville, enfermant une enceinte deux fois et demie plus considérable que celle de la deuxième cité, répondaient bien à la description d'Homère, lorsque le poète nous montre Andromaque contemplant du haut de ces murs le corps d'Hector traîné par le char du vainqueur. Si Schliemann avait vécu encore un an ou deux il eût certainement achevé les fouilles de Troie. Et c'est à lui que doit en revenir la gloire.

Schliemann ne poursuivit pas sans interruption les fouilles de Troie. Il ne perdait pas de vue sa seconde idée, les fouilles de Mycènes, qui devaient avoir des résultats plus importants encore. Comme le gouvernement turc lui suscitait des difficultés, il abandonna provisoirement ses travaux dans la plaine de Troie et résolut, en 1876, d'élucider le problème du tombeau des Atrides qu'il prétendait être dans l'acropole de Mycènes. On savait depuis longtemps où se trouvait la citadelle d'Agamemnon, la fameuse « Porte des Lions » qui en marquait l'entrée. Mais ce qui attirait Schliemann à Mycènes, c'était ce passage de Pausanias où il est dit que parmi les ruines de Mycènes se trouve le tombeau d'Atrée et de tous ceux qu'Égisthe massacra pendant le banquet, à leur retour d'Ilion avec Agamemnon, et aussi la tombe d'Agamemnon et celle du cocher Eurymédon, et les tombes de Télédamos et de Pélops, les enfants jumeaux de Cassandre, qu'Égisthe tua avec leurs parents alors qu'ils étaient encore tout petits. Le texte dit aussi que Clytemnestre et Égisthe furent ensevelis à une petite distance hors des murs, parce qu'ils n'étaient pas dignes de reposer dans l'intérieur des murs où reposent Agamemnon et les siens qui tombèrent avec lui.

Convaincu de la véracité de ce texte, Schliemann fit creuser une grande ouverture de 113 pieds carrés dans l'intérieur des murs, à environ 40 pieds de la Porte des Lions. Par une extraordinaire bonne fortune, il était tombé sur la place qu'il cherchait. Après quelques jours de travail, il mit au jour des pierres plates dressées verticalement, et bientôt apparut un double cercle de ces pierres plates, de 87 pieds de diamètre. Sa première impression fut qu'il avait découvert l'agora de Mycènes, « le cercle de pierres bien polies » où les anciens s'asseyaient en conseil, comme Hephaestos les représente sur le bouclier d'Achille ; mais cette découverte ne lui suffisait point ; il voulut aller jusqu'au sol vierge, et sa persévérance fut récompensée.

Tout d'abord il dégagea un autel circulaire et plusieurs stèles de pierre avec de grossières sculptures en relief qui semblaient se rapporter à des sépultures. A trois pieds au-dessous de l'autel, il trouva un groupe de cinq tombes taillées dans le roc, de forme rectangulaire. Elles étaient recouvertes de pierres plates qui s'étaient écroulées par suite du délabrement des poutres, et les tombes étaient remplies de pierres et de cailloux. Mélangés aux débris provenant de la chute du toit se trouvaient plusieurs cadavres, un dans la plus petite tombe, cinq dans la plus grande, trois dans chaque autre. Avec ces corps était enfoui le plus merveilleux trésor qui ait jamais réjoui les yeux d'un archéologue.

L'or s'y trouvait à profusion, masques, plaques de toutes formes, baudriers, bracelets, anneaux, épingles, poignards, poignées d'épée. A l'or était mêlé l'ivoire, l'ambre, l'argent, le bronze, l'albâtre. Une seule tombe ne contenait pas moins de soixante épées et poignards. Une autre, où n'étaient ensevelies que des femmes, contenait six diadèmes, quinze pendants, onze colliers, huit ornements de cheveux, dix sauterelles d'or, un papillon, quatre griffons, quatre lions, dix représentations de deux lions attaquant un bœuf, trois belles gravures en creux, deux balances en or, cinquante ornements en relief et sept cents ornements pour vêtements. C'était un trésor d'une valeur de 100000 francs !

Mais, aux yeux de Schliemann, cette valeur n'était rien auprès de la certitude qu'il avait retrouvé les tombes mêmes que vit Pausanias, celles où furent ensevelis Agamemnon et ses compagnons après avoir péri sous les coups d'Égisthe et de Clytemnestre. Toutes les circonstances de sa découverte semblaient confirmer cette supposition. Le désordre dans lequel les corps furent trouvés, l'un avec la tête écrasée sur la poitrine, un autre avec un œil à moitié clos, semblaient attester la précipitation avec laquelle avaient été inhumés le roi et ses compagnons après le tragique événement. Schliemann, dans son fameux télégramme au roi des Hellènes, annonça donc qu'il avait retrouvé Agamemnon et sa maison. Le monde y crut tout d'abord ; mais il parut bientôt que le désordre et l'état des tombes devait être attribué, non à une inhumation précipitée, mais à l'écroulement des toitures ; on contesta que les objets trouvés dans les sépultures appartinssent tous à une même époque ; on contesta que le nombre et le sexe des cadavres concordât avec la légende ou avec la relation de Pausanias. Le scepticisme succéda à l'admiration, et l'on alla jusqu'à ridiculiser l'enthousiasme de l'explorateur. Mais les moqueries se sont évanouies avec le temps, et l'on doit reconnaître aujourd'hui que si les tombes ne sont pas celles du Roi des Hommes et de ses amis, ce sont du moins celles qui ont longtemps passé pour telles et que Pausanias a voulu décrire. En tout cas, la question n'a pas une grande importance. Retrouver Agamemnon, c'eût été un beau dénouement au roman de Schliemann. Mais il a fait mieux : il a ressuscité une civilisation éteinte.

Il est infiniment probable que la civilisation mycénienne, contemporaine de celle de l'Égypte, s'est trouvée en contact avec elle par la Crète. On a découvert en Égypte des vases dont la forme et la couleur rappellent ceux trouvés à Mycènes et à Knossos. Et comme ces poteries ne sont pas de style égyptien, elles proviennent sans doute de la Grèce préhistorique. Le professeur Petrie[1], frappé de l'aspect des vases d'Abydos, croit que les rela-

1. Petrie, *History of Egypt*.

tions entre l'Égypte et la Crète remontent jusqu'à l'époque extrêmement lointaine de la première dynastie, et que ces relations s'établissaient tout naturellement par la voie maritime de la Méditerranée, au moyen de bateaux semblables à ceux qu'on voit représentés dans les peintures égyptiennes.

Cette hypothèse a rencontré des contradicteurs. On a contesté que ces petits bateaux de rivière fussent capables de franchir la Méditerranée. Mais comme on ne peut nier qu'il y ait eu des communications maritimes entre la Crète et l'Égypte, on a prétendu qu'elles devaient se faire par la voie de Chypre et de la côte de Palestine[1]. Mais il ne semble pas que des navigateurs qui pouvaient atteindre Chypre fussent incapables de voguer entre la Crète et l'Égypte. Et si le voyage se faisait par Chypre, on ne comprend pas que cette île n'ait été ouverte à la civilisation mycénienne ou crétoise qu'à une époque relativement récente. Ce n'est, en effet, qu'à l'époque de sa décadence que cette civilisation pénétra à Chypre. Que les Grecs de l'Iliade ne fussent pas de hardis navigateurs, on ne peut en dire de même des Crétois, de ces insulaires dont toutes les traditions étaient celles d'une race de

1. H. R. Hall, *The oldest civilisation of Greece.*

marins. Quand on songe aux vaisseaux à rames sur lesquels les Normands osaient s'aventurer sur l'Atlantique jusqu'au Nouveau Monde, on ne doit pas s'étonner que les vaisseaux crétois pouvaient atteindre les bouches du Nil. Les Crétois devaient être bien supérieurs aux Égyptiens dans l'art de la navigation. Et pourtant les Égyptiens savaient équiper les flottes pour chercher du bois de cèdre à la côte de Syrie et même pour franchir la mer Rouge. Il n'y a donc rien d'invraisemblable à ce que les Crétois eussent des relations maritimes avec l'Égypte.

Les découvertes du docteur Evans en Crète sont venues apporter un nouveau jour à celles de Schliemann dans le Péloponèse. Ayant rencontré à Athènes des sceaux en pierre trouvés dans l'île, qui portaient des signes hiéroglyphiques différents des caractères égyptiens ou hittites, Evans fut attiré en Crète par l'espoir de découvir un système d'écriture. Il entreprit en 1900 des fouilles à Knossos, site qui jusqu'alors avait été méconnu au point que le guide Joanne de 1896 qualifiait de peu intéressantes les ruines de Knossos, mentionnait les murs en briques de l'époque romaine comme les seuls vestiges d'antiquités, et rattachait à la légende du Labyrinthe les cavernes naturelles et les grottes sépulcrales. Evans eut la main heureuse. Il mit au jour le palais de Minos et les trésors qu'il contenait. Ses découvertes ont établi que ce que l'on connaissait sous le nom de civilisation mycénienne n'était que la décadence d'une culture plus riche et plus complète, qui avait son principal foyer en Crète. Elles apportent une nouvelle démonstration à ce qu'avaient déjà établi les fouilles de Schliemann, elles font commencer l'histoire de la Grèce au moins deux mille ans plus tôt que la première Olympiade (776 avant J.-C.), date à laquelle elle débutait chez les historiens. Mais ce que n'ont pu identifier ni les fouilles de Mycènes ni celles de Knossos, ce sont les figures des héros antérieurs à Homère. Que sait-on de la personnalité du sage Minos ? Est-ce le nom d'un seul roi ou de toute une succession de rois ? Ne serait-ce pas, comme le suggère le professeur Murray [1], une dénomination désignant, comme Pharaon et César, toute une dynastie ? Celui qui portait ce nom apparaît dans la légende comme le fils de Zeus, tout comme le Mikado est le fils du Soleil. Il n'est pas seulement le fils, mais aussi l'ami de Zeus. Il

1. Murray, *The Rise of the greek Epic.*

reçoit de ses mains le code des lois, il a de fréquents entretiens avec la Divinité, et après sa mort il devient le juge des hommes. C'est le Minos de la légende grecque. Mais connaîtrons-nous jamais le Minos de l'histoire ? Il faudrait pour cela qu'on parvînt à déchiffrer le système d'écriture crétois. Mais un nouveau Champollion surgira-t-il jamais qui nous fera connaître les dynasties de l'ère mycénienne ? La pioche nous a révélé comment vivaient les hommes préhistoriques, elle a dégagé le plan de leurs demeures enfouies, elle a retrouvé leurs armes, leurs meubles, leurs ustensiles, elle nous a montré les minois et les jupes à falbalas des princesses contemporaines de Pasiphaé, d'Ariane et de Phèdre ; mais la langue et l'écriture de ces temps fabuleux restent une énigme.

La Grèce a donné aux égyptologues la clef des hiéroglyphes dans la version grecque de la pierre de Rosette. Peut-être un jour la découverte d'un texte bilingue contenant la traduction en hiéroglyphes égyptiens de quelque inscription trouvée en Crète nous donnera-t-elle le moyen de lire une langue encore inconnue. Pareille découverte n'est pas impossible. Il n'y a pas si longtemps qu'une inscription cunéiforme nous a donné la traduction du fameux traité entre les Égyptiens et les Hittites du temps de Ramsès II. Doit-on désespérer de trouver un jour un traité bilingue entre un Pharaon et un Minos ? En attendant, nous devons nous résigner à ne point connaître l'âme des hommes de la civilisation mycénienne. Nous devons nous contenter de savoir qu'avant les temps historiques qui remontent à un millier d'années avant l'ère chrétienne, il y eut un foyer de culture artistique d'une immense durée, qui, voisine de l'âge de la pierre, donna tout son éclat vers la fin de l'âge du bronze, culture plus étonnante et plus raffinée que tout ce qu'on aurait pu imaginer. Les hommes de l'Hellade avaient atteint une haute civilisation avant que l'histoire ne les mentionnât. Les origines de cette civilisation étaient plus éloignées de Phidias que Phidias n'est éloigné de nous. Et sa durée fut peut-être aussi longue que celle des Pharaons. Cette hypothèse eût paru bien extravagante il y a quelques années ; elle ne l'est plus depuis qu'on peut contempler les merveilleuses collections que possède le musée d'Athènes.

FIN

TABLE DES MATIÈRES

Imprimerie J. Dumoulin, à Paris. — 308.8.27.

www.ingramcontent.com/pod-product-compliance
Ingram Content Group UK Ltd.
Pitfield, Milton Keynes, MK11 3LW, UK
UKHW022052260726
13993UKWH00001B/64

9 782329 196664